IGNAZ SEIDL-HOHENVELDERN

Die Immunität internationaler Organisationen in Dienstrechtsstreitfällen

Schriften zum Völkerrecht

Band 71

Die Immunität internationaler Organisationen in Dienstrechtsstreitfällen

Rechtsgutachten für Eurocontrol

von

Prof. Dr. Dr. h. c. Ignaz Seidl-Hohenveldern
o. Professor an der Universität Wien
Membre de l'Institut de Droit International

DUNCKER & HUMBLOT / BERLIN

Gedruckt 1981 bei Buchdruckerei A. Sayffaerth - E. L. Krohn, Berlin 61
Printed in Germany
ISBN 3 428 05005 3

Vorwort

In einigen Fällen haben Bedienstete der Eurocontrol versucht, dienstrechtliche Entscheidungen ihres Dienstherrn von deutschen Gerichten überprüfen zu lassen statt sie, wie im Personalstatut dieser internationalen Organisation vorgeschrieben, dem Verwaltungsgericht der Internationalen Arbeitsorganisation zu unterbreiten. In einem für Eurocontrol erstatteten Rechtsgutachten vom 8. Juni 1979 hatte ich die Gründe dargelegt, aus denen ich eine Befassung nationaler Gerichte mit solchen Dienstrechtsstreitfällen als eine unzulässige Gefährdung des unabhängigen Wirkens internationaler Organisationen ablehne. Gegen dieses Gutachten richtete sich ein von Prof. Dr. Dr. *Albert Bleckmann* für die Union Syndicale, Section Eurocontrol erstattetes Rechtsgutachten. Dieses Rechtsgutachten ist unter dem Titel: „Internationale Beamtenstreitigkeiten vor nationalen Gerichten. Materialien zum Recht der internationalen Organisationen und zur Immunität" nunmehr als Buch erschienen.

Ich hätte es vorgezogen, die allgemeine wissenschaftliche Diskussion über die wichtigen in den erwähnten Rechtsgutachten berührten Fragen erst nach völliger Abklärung der beiderseitigen Standpunkte und Bereinigung allfälliger Mißverständnisse sowie im Lichte der gegenwärtig noch ausstehenden Beurteilung dieser Fragen durch das Bundesverfassungsgericht und das Bundesarbeitsgericht zu eröffnen. Aus Gründen der Waffengleichheit sehe ich mich aber nunmehr gezwungen, auch mein Rechtsgutachten vom 8. Juni 1979 (unten S. 11 - 29) sowie meine Stellungnahme vom 8. Dezember 1980 (unten S. 30 - 102) zu dem Rechtsgutachten von *Bleckmann* ebenso wie zu der von ihm zur Unterstützung seiner Ansichten zitierten Dissertation von *Siegfried Thomas* (Würzburg 1970) (unten S. 103 - 108) in der Form zu veröffentlichen, wie sie den angerufenen deutschen Gerichten vorliegen. Nur sinnstörende Schreibfehler wurden berichtigt. Solche Korrekturen sind durch * gekennzeichnet.

Zur Erleichterung der Arbeit der angerufenen Gerichte — und nunmehr auch der Leser dieses Buches — habe ich nicht nur die Gliederung und Kapitelüberschriften des Rechtsgutachtens von *Bleckmann* übernommen, sondern auch am Eingang jedes Kapitels dessen Thesen kurz zusammengefaßt und ihnen meine eigenen grundsätzlichen Argumente für deren Ablehnung gegenübergestellt. Daran schließt sich jeweils eine Auseinandersetzung mit den in dem betreffenden Kapitel aufgeworfenen Detailfragen an. In Klammern stehende Zahlen ohne weitere Angaben beziehen sich auf die betreffende Seitenzahl der Buchfassung des Rechtsgutachtens von *Bleckmann*.

Mein besonderer Dank gilt Herrn Senator E. h. Ministerialrat a. D. Prof. Dr. *J. Broermann* dafür, daß er im Interesse der eingangs berufenen Waffengleichheit auch mir Gelegenheit gab, meine Stellungnahme zu den aufgeworfenen Fragen in seiner Schriftenreihe zum Völkerrecht zu veröffentlichen.

Prof. Dr. Dr. h. c. Ignaz Seidl-Hohenveldern

Inhalt

Abkürzungen

ABl.	=	Amtsblatt
AFDI	=	Annuaire Français de Droit International
Aff.	=	Affaire
Ann. Dig.	=	Annual Digest and Reports of Public International Law Cases
AG	=	Amtsgericht
Ann. IDI	=	Annuaire de l'Institut de Droit International
Art.	=	Artikel
Aufl.	=	Auflage
BAG	=	Bundesarbeitsgericht
Bd.	=	Band
BerDGVR	=	Berichte der Deutschen Gesellschaft für Völkerrecht
BGBl.	=	Bundesgesetzblatt
BGHZ	=	Entscheidungen des Bundesgerichtshofs in Zivilsachen
BT	=	Bundestag
BVerfGE	=	Entscheidungen des Bundesverfassungsgerichts
BVerwG	=	Bundesverwaltungsgericht
BYIL	=	British Yearbook of International Law
c.	=	contre
Cass.	=	Kassationsgerichtshof Italiens o. Frankreichs
Cass. Soc.	=	Sozialkammer des frz. Kassationsgerichtshofs
Chilen.	=	chilenisch
CIJ	=	Cour Internationale de Justice
Circ.	=	Circuit
Clunet	=	Journal du Droit International
CPJI	=	Cour Permanente de Justice Internationale
CSSR	=	Tschechoslowakische Sozialistische Republik
Diss.	=	Dissertation
Erw.	=	Erwägung
ESRO	=	European Space Research Organization
EuGH	=	Gerichtshof der Europäischen Gemeinschaften
EuR	=	Europarecht
EWO	=	Europäische Weltraum Organisation
F 2 d	=	Federal Reporter Second Series
FS	=	Festschrift
GATT	=	General Agreement on Tariffs and Trade
GG	=	Grundgesetz
ICEM	=	International Committee for European Migration
ICJ	=	International Court of Justice
ICLQ	=	International and Comparative Law Quarterly
IGH	=	Internationaler Gerichtshof
ILA	=	International Law Association
ILM	=	International Legal Materials
ILO	=	International Labour Organisation
ILR	=	International Law Reports
It.	=	Italienisch

JEIA = Joint Export Import Agency
JO (CE) = Journal Officiel des Communautés Européennes

KSE = Kölner Schriften zum Europarecht

LAG = Landesarbeitsgericht

MDR = Monatsschrift für deutsches Recht

NJW = Neue Juristische Wochenschrift

OAS = Organization of American States
OGH = Oberster Gerichtshof
OIT = Organisation Internationale du Travail

RdC = Recueil des Cours de l'Académie de Droit International de La Haye
Recueil = Recueil des Arrêts du Conseil d'État
Rec. = Recueil des Arrêts de la Cour de Justice des Communautés Européennes
RGDIP = Revue Générale de Droit International Public
Rivista Dir. Int. = Rivista di diritto internazionale
RIW/AWD = Recht der Internationalen Wirtschaft/Außenwirtschaftsdienst des Betriebsberaters
RGZ = Entscheidungen des Reichsgerichts in Zivilsachen
Rs. = Rechtssache
Rz. = Randziffer

Slg. = Sammlung der Entscheidungen des Gerichtshofes der Europäischen Gemeinschaften
SVN = Satzung der Vereinten Nationen

TANU = Tribunal Administratif des Nations Unies
TAOIT = Tribunal Administratif de l'Organisation Internationale du Travail
TLR = Times Law Reports
Trib. Civ. = Tribunal(e) Civil(e)

UN = United Nations
UNRWA = United Nations Relief and Works Agency

v. = versus
VN = Vereinte Nationen
VVDSTRL = Veröffentlichungen der Vereinigung der Deutschen Staatsrechtslehrer

Yearbook ILC = Yearbook of the International Law Commission

ZaöRV = Zeitschrift für ausländisches öffentliches Recht und Völkerrecht
ZP = Zeichnungsprotokoll

Köln, den 8. Juni 1979

Gutachten

I.

Die Europäische Organisation zur Sicherung der Luftfahrt (Eurocontrol) hat mich gebeten, in einem Gutachten zu dem Urteil des Arbeitsgerichts Karlsruhe vom 5. 12. 1978 2 Ca 101/78 in der Rechtssache *Strech* gegen Eurocontrol Stellung zu nehmen.

Strech, ein Bediensteter der Eurocontrol, hatte vor dem Arbeitsgericht Klage wegen der Berechnungsweise des Gehalts erhoben, das er von Eurocontrol bezieht.

Nach Ansicht *Strechs* ergebe sich die Zuständigkeit des deutschen Arbeitsgerichts für den gegenständlichen Streitfall aus Ziffer 5 des Zeichnungsprotokolls zum Internationalen Übereinkommen über Zusammenarbeit zur Sicherung der Luftfahrt (Eurocontrol) (BGBl. 1962 II S. 2322). Diese Ziffer 5 lautet in der bei Abweichungen zwischen den Texten verbindlichen französischen Fassung: „Rien dans la convention ni dans les statuts y annexés n'a pour effet de restreindre la compétence des tribunaux nationaux en ce qui concerne les différends opposant l'organisation et le personnel de l'Agence." (In deutscher Übersetzung: „Die Zuständigkeit zwischen der Organisation und dem Personal der Agentur wird weder durch das Übereinkommen noch durch die als Anlage beigefügte Satzung beschränkt.")

Nach Ansicht *Strechs* gleiche sein Arbeitsverhältnis zu Eurocontrol demjenigen eines beliebigen Arbeitnehmers zu seinem Arbeitgeber. Das Arbeitsgericht Karlsruhe sei daher zuständig zur Entscheidung des gegenständlichen Streitsfalls.

Eurocontrol bestreitet die Zuständigkeit des deutschen Arbeitsgerichts. Nach Eurocontrol seien die deutschen Gerichte sowohl ratione materiae als auch wegen der Eurocontrol zustehenden Immunität unzuständig. Nach der Ansicht Eurocontrols sei das Dienstverhältnis des Klägers zu Eurocontrol öffentlich-rechtlicher Natur und unterstünde dem Artikel 92 der Allgemeinen Beschäftigungsbedingungen der Eurocontrol (ABB) ist gleich Artikel 93 des Verwaltungsstatuts des festangestellten Personals der Agentur. Diese Vorschriften lauten: „Tout litige opposant l'Agence à l'une des personnes visées au présent statut et portant sur l'inobservation, soit quant au fond, soit quant à la forme des dispositions du présent statut, est soumis, à défaut d'une juridiction nationale compétente, au tribunal administratif de l'organisation internationale du travail."

In seinem Urteil hat sich das Arbeitsgericht Karlsruhe für unzuständig erklärt. Nach Ansicht des Gerichts ist die Personalhoheit der Eurocontrol in bezug auf die Bestimmung der Erledigung von Rechtsstreitigkeiten mit ihrem Personal dennoch durch die Vertragsstaaten eingeschränkt worden. Diese hätten eine Erledigung dieser Streitigkeiten ihren eigenen staatlichen Gerichten vorbehalten. Das Arbeitsgericht Karlsruhe ging über den Einwand der Eurocontrol hinweg, daß es sich bei Ziffer 5 des Zeichnungsprotokolls lediglich um eine Übergangsregelung gehandelt habe, wohingegen die endgültige Regelung der Frage der Gerichtsbarkeit durch das Verwaltungsstatut bzw. die ABB getroffen worden sei, die hierfür die ausschließliche Zuständigkeit des Verwaltungsgerichts der ILO vorgesehen haben. Das Arbeitsgericht hielt sich trotzdem für unzuständig, da das Dienstverhältnis des Klägers zu Eurocontrol öffentlich-rechtlicher Natur sei. Die Angelegenheit falle daher in die Zuständigkeit der deutschen Verwaltungsgerichte, die hierauf das Verwaltungsstatut des festangestellten Personals der Agentur anzuwenden hätten.

II.

Aufgrund obigen Sachverhalts erstatte ich nachstehendes Gutachten:

1. *Rechtsnatur der Eurocontrol*

Eurocontrol ist unbestrittenermaßen eine Internationale Organisation, die sowohl im Völkerrecht als auch im innerstaatlichen Recht Rechtspersönlichkeit besitzt. Diese Rechtspersönlichkeit wird ihr durch Artikel 4 des Eurocontrol-Übereinkommens (BGBl. 1962 II S. 2273) verliehen. Dieser Artikel entspricht völlig dem Text der Artikel 210 und 211 EWG — ist gleich Artikel 184 und 185 EAG. Der Gerichtshof der Europäischen Gemeinschaften hat in ständiger Rechtsprechung entschieden (zuletzt in seinem Beschluß vom 14. 11. 1978, 1/78 Erw. 32, ABl. 1978 C 302/17), daß Artikel 184 EAG ist gleich Artikel 210 EWG der Gemeinschaft Völkerrechtspersönlichkeit verliehen hat. Diese Bestimmung ist Wort für Wort gleichlautend mit Artikel 4 Satz 1 des Eurocontrol-Übereinkommens. Die Völkerrechtspersönlichkeit der Eurocontrol ergibt sich überdies unter anderem daraus, daß Artikel 12 des Übereinkommens der Organisation das Recht verleiht, mit dritten Staaten und Internationalen Organisationen völkerrechtliche Vereinbarungen zu treffen. Eurocontrol hat von dieser Ermächtigung Gebrauch gemacht und mit Dänemark, Norwegen, Schweden, der Schweiz, Österreich, Italien, den Vereinigten Staaten, Spanien und Portugal Kooperations- bzw. Assoziationsverträge abgeschlossen, sowie durch den mit Briefwechsel vom 20. 3./21. 7. 1964 abgeschlossenen Vertrag mit der ILO dem Verwaltungsgericht der ILO die Gerichtsbarkeit über die Streitigkeiten zwischen Eurocontrol und ihren Bediensteten übertragen. Die Völkerrechtspersönlichkeit der Eurocontrol haben überdies sowohl der Gerichtshof der Europäischen Gemeinschaften (14. 10. 1976, Slg. 1976 S. 1541 ist gleich NJW 1977 S. 489) als auch das Bundesverwaltungsgericht (16. 9. 1977, NJW 1978 S. 1759) und das Arbeitsgericht Karlsruhe (Erw. 1 des gegenständlichen Urteils vom 5. 12. 1978, S. 9 der Umschrift) anerkannt.

Eine zwischenstaatliche internationale Organisation kann ihre Aufgaben nur dann erfüllen, wenn sie Immunität von der Gerichtsbarkeit ihrer Mitgliedstaaten genießt. Eine Organisation muß den *gemeinsamen* Willen der Mitgliedstaaten zum Ausdruck bringen. Dies wäre ihr nicht möglich, wenn ihre Handlungen von Entscheidungen eines nationalen Gerichts beeinflußt seien könnten. Die Organisation muß allen gegenüber mit *einer* Stimme sprechen und kann ihre internen Rechtsbeziehungen nur nach einem einheitlichen Recht regeln. Diese Notwendigkeiten sprechen ganz besonders dagegen, die Rechtsbeziehungen zwischen der Organisation und ihren Bediensteten der Gerichtsbarkeit nationaler Gerichte zu unterstellen. Die Rechtsprechung der verschiedenen nationalen Gerichte dürfte kaum einheitlich sein. Diese Uneinheitlichkeit würde dazu führen, daß Rechtsstreitigkeiten über den gleichen Gegenstand in verschiedenen Mitgliedstaaten verschieden entschieden würden. Die Einheitlichkeit des Personalstatuts erfordert aber die Einheitlichkeit der Rechtsprechung (vgl. S. 21).

Die Wirksamkeit einer Internationalen Organisation hängt ferner nicht zuletzt davon ab, daß die Mitgliedstaaten Vertrauen in die Unparteilichkeit der Organisation und ihrer Bediensteten haben. Aus diesem Grunde sieht das Personalstatut jeder solchen Organisation vor, daß deren Bedienstete jede Möglichkeit einer Beeinflussung durch ihre Heimatstaaten zu meiden haben (vgl. Art. 11 ABB — ist gleich Art. 11 des Verwaltungsstatuts). Es wäre eine schwerwiegende Verletzung dieses Gedankens und der sich daraus ergebenden Bindungen dieser Beamten, wenn diese für die Regelung allfälliger Streitigkeiten mit ihrer Organisation den Schutz der Gerichte ihres Heimatstaates anrufen wollten. Sie wären hier aber sogar auf deren Schutz *angewiesen,* wenn die Auslegung zutreffen sollte, die das Arbeitsgericht Karlsruhe von Ziffer 5 des Zeichnungsprotokolls gegeben hat.

Die Notwendigkeit einer Unabhängigkeit der Organisation von der staatlichen Gerichtsbarkeit hat den Internationalen Gerichtshof veranlaßt, in Ermangelung einschlägiger Bestimmungen der Satzung der Vereinten Nationen die Generalversammlung der Vereinten Nationen kraft zwingender aus dem Zusammenhang der Satzung der Vereinten Nationen sich ergebender Rechtsnotwendigkeiten (implied powers) für berechtigt zu erklären, ein Verwaltungsgericht der Vereinten Nationen als alleinige Gerichtsbarkeit für Dienststreitigkeiten zu schaffen (Rechtsgutachten vom 13. 7. 1954, ICJ Reports 1954, S. 57 ff.). Die hierzu erforderliche Rechtsüberzeugung von der Notwendigkeit der Unabhängigkeit Internationaler Organisationen von nationalem Recht und Gerichtsbarkeit ist so stark, daß sie zur Bildung von völkerrechtlichem Gewohnheitsrecht geführt hat. Eine Regel des völkerrechtlichen Gewohnheitsrechts verpflichtet nämlich die Mitgliedstaaten einer Organisation, deren Immunität von der innerstaatlichen Gerichtsbarkeit, zumindest hinsichtlich der Beziehungen zu ihrem Personal, selbst dann anzuerkennen, wenn keine Vertragsbestimmung die Einräumung einer solchen Immunität vorsieht.

Nach Ansicht des Arbeitsgerichts Karlsruhe genössen Internationale Organisationen Gerichtsimmunität nur dann, „wenn ihnen diese in der Errichtungsvereinbarung ausdrücklich oder indirekt zugestanden worden ist“. Diese Ansicht entspricht nicht der tatsächlichen Praxis. Mit Recht hat das BAG in seinem Urteil vom 25. 1. 1973 (5 AZR 399/72, Arbeitsrechtliche Praxis D VA 3 [279]) entschieden, daß die Verordnung der Bundesregierung vom 14. 9. 1965 über die Gewährung von Vorrechten und Befreiungen an die EWO (BGBl. 1965 II S. 1353 ff.) „eine allgemeine Regel des Völkerrechts wiedergibt, die gemäß Artikel 25 GG Bestandteil des Bundesrechts bildet“. Ebenso sieht Artikel 12 Buchstabe c des Protokolls über die Vorrechte und und Befreiungen der Europäischen Gemeinschaften vom 8. 4. 1965 (BGBl 1965 II S. 1482) vor, daß „den Beamten der Gemeinschaften, die den Beamten der Internationalen Organisationen *üblicherweise* gewährten Erleichterungen auf dem Gebiet der Vorschriften des Währungs- und Devisenrechts zustehen“. *Seyersted,* Jurisdiction over Organs and Officials of States, the Holy See and Intergovernmental Organizations, International and Comparative Law Quarterly 1965 (S. 511) weist darauf hin, daß in der Rechtssache Chemidlin c. Bureau International des Poids et Mesures (Cour de Versailles 27. 7. 1945 [Ann. Dig. 1943 - 45, S. 231]) ein französisches Gericht sich ratione materiae als unzuständig für diesen Streit zwischen einer Organisation und einem ihrer Bediensteten erklärte, obwohl kein Text der betreffenden Organisation Gerichtsimmunität zuerkannt hatte. Die eben angeführten Erwägungen ergeben sich aus der Natur jeder Internationalen Organisation. Sie haben auch ein deutsches

Gericht dazu bewogen, der WEU Gerichtsimmunität zuzubilligen, *bevor* die Bundesrepublik Deutschland das Übereinkommen über den Status der WEU (BGBl. 1959 II S. 705) ratifiziert hatte, das der WEU eine solche Immunität zuerkannt hat (AG Bonn 23. 8. 1961, MDR 1962, S. 315). Der erste Teil der Erwägung 3 des Urteils des Arbeitsgerichts Karlsruhe ist also durch die internationale, ebenso wie durch die deutsche Praxis widerlegt.

Wir können also davon ausgehen, daß gemäß einer allgemeinen Regel des Völkergewohnheitsrechts Internationale Organisationen im Gebiet ihrer Mitgliedstaaten auch dann eine solche Immunität genießen, wenn diesbezügliche ausdrückliche vertragliche Regelungen fehlen sollten. Daraus folgt, daß in besonderen Vertragsbestimmungen enthaltene Ausnahmen von diesem allgemeinen gewohnheitsrechtlichen Grundsatz einschränkend auszulegen sind. Grundsätzlich zu dieser Auslegungsregel Franco-Italian Conciliation Commission, 25. 6. 1952, in re Rizzo (No. 1) International Law Reports 19 (1952) Seite 481 - 482. Die Besonderheit ihrer Aufgaben hat es mit sich gebracht, daß einige Organisationen sich für einen Teil ihrer Tätigkeiten der Gerichtsbarkeit staatlicher Gerichte unterwerfen. So sieht z. B. Artikel VII Abschnitt 3 der Satzung der Weltbank vor: „Klagen gegen die Bank können nur vor einem zuständigen Gericht im Gebiet eines Mitglieds erhoben werden ... Das Eigentum und die Aktiva der Bank sind, gleichgültig wo und in wessen Händen sie sich befinden, gegen jegliche Form von Beschlagnahme, Pfändung oder Zwangsvollstreckung geschützt, solange nicht ein rechtskräftiges Urteil gegen die Bank ergangen ist." Durch diese Ausnahmebestimmung soll das Vertrauen der Gläubiger in die Bank, also deren Kredit auf dem Weltmarkt, gehoben werden.

Auf ähnlichen Überlegungen dürften auch die Ausnahmebestimmungen von einer ansonsten bestehenden, auf dem Eurocontrol-Übereinkommen gegründeten Gerichtsbarkeit (vgl. BVerwG 16. 9. 1977, Erw. 2, S. 17 der Umschrift) beruhen, die Artikel 25 und 26 des Eurocontrol-Übereinkommens vorsehen. Diese Artikel stellen eben gerade eine Ausnahme von dem Grundsatz der Immunität internationaler Organisationen dar, der auch für Eurocontrol gilt.

2. *Die Bedeutung der Ziffer 5 des Zeichnungsprotokolls*

Wir haben es aber gar nicht nötig, auf den Grundsatz zurückzugreifen, demzufolge Vertragsbestimmungen, die eine Regel des allgemeinen Völkergewohnheitsrechts einschränken, eng auszulegen sind. Es geht nämlich schon aus dem Text der Ziffer 5 des Zeichnungsprotokolls hervor, daß diese Bestimmung die Gerichtsimmunität der Eurocontrol nicht einschränken will. Diese Bestimmung will nichts anderes ausdrücken als das, was sie ausdrücklich besagt, nämlich, daß nichts in dem

Übereinkommen oder in der als Anlage beigefügten Satzung die Zuständigkeit der innerstaatlichen Gerichte beschränkt — falls eine solche Zuständigkeit besteht. Das Arbeitsgericht Karlsruhe ist insoweit der Argumentation des Klägers gefolgt, der in dieser Bestimmung eine Verweisung auf die Gerichtsbarkeit der deutschen Gerichte sehen wollte, durch die Artikel 14 der Satzung mit einem Vorbehalt belastet würde. Gemäß dieses Artikel 14 sei die Eurocontrol-Kommission zwar berechtigt, ein Verwaltungsstatut für das festangestellte Personal der Agentur zu erlassen, aber nur unter der Voraussetzung, daß diese „Verweisung" erhalten bleibe. Jede Verletzung dieses Vorbehalts zöge deren Nichtigkeit nach sich. Dieser Vorbehalt belaste in gleicher Weise das in Artikel 34 Absatz 2 des Übereinkommens verankerte Recht der Eurocontrol-Kommission zur Änderung der Satzung der Agentur.

Schon aus dem Text der Ziffer 5 des Zeichnungsprotokolls geht aber hervor, daß Ziffer 5 in Wahrheit gar keine solche „Verweisung" enthält. Eine solche Textanalyse muß vom französischen Text ausgehen, der „bei Abweichungen zwischen den Texten verbindlich ist". Dieser französische Text enthält lediglich eine Feststellung, nämlich daß im Zeitpunkt der Unterzeichnung des Übereinkommens die „Zuständigkeit der innerstaatlichen Gerichte in bezug auf Streitigkeiten zwischen der Organisation und dem Personal der Agentur weder durch das Übereinkommen noch durch die als Anlage beigefügte Satzung beschränkt wird". Diese Feststellung entsprach im übrigen völlig der Sachlage im Zeitpunkt der Unterzeichnung des Übereinkommens (s. unten S. 17 f.). Eine solche Feststellung ist aber kein Akt mit Bindungswirkung für spätere Entwicklungen. Wenn die Verfasser des Übereinkommens und seiner Anlagen wirklich die Absicht gehabt hätten, die Möglichkeit auszuschließen, daß ein künftiges Personalstatut die Gerichtsbarkeit der innerstaatlichen Gerichte beschränken könnte, hätten sie diese Absicht in anderen Worten ausdrücken müssen, z. B. „rien ... ne doit restreindre" oder wenigstens „rien ... n'aura pour effet". Solche Ausdrücke enthalten einen Befehl für die Zukunft, wohingegen die tatsächlich im Zeichnungsprotokoll verwendeten Worte lediglich das gegenwärtige Bestehen einer Tatsache feststellen. Dieser Gegensatz ist in der deutschen Übersetzung nicht so klar ausgeprägt. Nach dem Beispiel der Rechtsprechung des Reichsgerichts zur Auslegung des Friedensvertrages von Versailles (RG 1. 7. 1926, RGZ 114, S. 188 [190], *Hilf*, Die Auslegung mehrsprachiger Verträge [1973] S. 206, Anm. 812) müssen deutsche Gerichte aber auch das Eurocontrol-Zeichnungsprotokoll gemäß seines bei Abweichungen verbindlichen französischen Textes auslegen.

Wenn die Verfasser des Übereinkommens und des Zeichnungsprotokolls wirklich Artikel 14 der Satzung und Artikel 34 des Übereinkommens mit dem Vorbehalt einer solchen Verweisung hätten belasten wollen, dann hätten sie vor dieser Ziffer 5 ersichtlich machen müssen, daß diese sich auf Artikel 14 der Satzung und auf Artikel 34 des Übereinkommens bezieht. Dieses Verfahren haben sie bei den anderen Ziffern dieses Zeichnungsprotokolls eingehalten, deren Inhalt zumindest zum Teil über einfache Feststellungen hinausgeht.

Das Arbeitsgericht Karlsruhe will in Erwägung 4 seines Urteils (S. 11 der Umschrift) eine Parallele zwischen der angeblich in Ziffer 5 des Zeichnungsprotokolls enthaltenen Verweisung und den Bestimmungen der oben erwähnten Artikel 25 und 26 des Übereinkommens sehen. Letztere enthalten tatsächlich eine Verweisung auf die innerstaatlichen Gerichtsbarkeiten. Diese Verweisung wird darin aber in ganz anderen Worten ausgedrückt.

Den wahren Grund für die Aufnahme der Ziffer 5 in das Zeichnungsprotokoll hat mein Kollege *Marten Bos* in seinem Gutachten dargelegt, dem ich vorbehaltlos beistimme. Ursprünglich hatte Eurocontrol daran gedacht, die Luftsicherung durch Beamte der Mitgliedstaaten ausüben zu lassen, die von ihrer innerstaatlichen öffentlichen Dienststelle zu Eurocontrol abgeordnet, aber weiter von dieser Dienststelle besoldet wurden. In diesem Zeitpunkt gab es noch kein Verwaltungsstatut des Eurocontrol-Personals und noch viel weniger ein internationales Gericht, das zur Schlichtung von Streitigkeiten zwischen Eurocontrol und Mitgliedern des ihr dergestalt von den Mitgliedstaaten geliehenen Personals berufen gewesen wäre. Das Eurocontrol-Übereinkommen trat im März 1963 in Kraft. In diesem Zeitpunkt hingen die nationalen Beamten, die ihre Dienststellen zu Eurocontrol abgeordnet hatten, weiterhin in jeder Hinsicht von ihrer innerstaatlichen Dienststelle ab. Die Zuständigkeit innerstaatlicher Gerichte in bezug auf Dienststreitigkeiten dieser Beamten war also insoweit in keiner Weise beschränkt. Nach einigen Monaten der Erfahrung fand Eurocontrol, daß dieses Regime unzweckmäßig sei. Aus diesem Grund sah das Verwaltungsstatut des Personals, das die Eurocontrol-Agentur gemäß Artikel 14 ihrer Satzung erließ, vor, daß für Streitigkeiten zwischen Eurocontrol und ihren Bediensteten in Hinkunft das Verwaltungsgericht der ILO zuständig sein sollte. Es handelt sich hierbei um die Einräumung einer ausschließlichen Zuständigkeit. In ihrem Schreiben vom 20. 3. 1964 überträgt Eurocontrol „*la* compétence de connaître *des* requêtes“. Im gleichen Sinn ist auch Artikel II Absatz 5 des Statuts des Verwaltungsgerichts der ILO auszulegen. Das Verwaltungsstatut für das festangestellte Personal der Agentur trat im September 1963 in Kraft. Damit hatte die vorübergehende Ausnahme von dem Grundsatz, daß eine Internationale Organisation für Streitigkeiten mit ihrem Personal keiner innerstaatlichen Gerichtsbarkeit unterliegt, ihre Daseinsberechtigung verloren — zumindest für den größten Teil des Eurocontrol-Personals, nämlich für denjenigen, auf den das Verwaltungsstatut für das festangestellte Personal der Agentur Anwendung findet. Der Kläger hatte den Übergangscharakter der Ziffer 5 des Zeichnungsprotokolls bestritten. Seiner Ansicht nach hätte diese Bestimmung, wenn sie Übergangscharakter gehabt hätte, in dem „Protokoll für die Übergangszeit bis zum Inkrafttreten des Übereinkommens" aufscheinen müssen. Aber dieses Protokoll regelt nur die vorbereitenden Tätigkeiten bis zu dem Zeitpunkt, in dem Eurocontrol mit dem Inkrafttreten des Übereinkommens die ihr zugedachten Aufgaben übernimmt. Die Ziffer 5 des Zeichnungsprotokolls wäre daher dort nicht an ihrem richtigen Platz gewesen. Sie sollte ja Dienstverhältnisse regeln, die über den Zeitpunkt des Inkrafttretens des Übereinkommens (März 1963) zunächst noch bis September 1963 fortbestanden haben. Ganz abgesehen davon, haben auch die Bestimmungen der Ziffern 1 und 3 des Zeichnungsprotokolls Übergangscharakter.

Die Auslegung, die *Marten Bos* und Eurocontrol der Ziffer 5 des Zeichnungsprotokolls geben, entspricht der internationalen Praxis in den Fällen, in denen eine öffentlich-rechtliche innerstaatliche Dienststelle Personal zu einer Internationalen Organisation abordnet, das aber weiterhin seine Besoldung von dieser innerstaatlichen Dienststelle erhält. So hat sich gerade das Verwaltungsgericht der ILO für unzuständig erklärt (Affaire No. 231, Sletholt, Annuaire Français de Droit International 1974, S. 392*) hinsichtlich einer Klage, die von der norwegischen öffentlich-rechtlichen Dienststelle NORAD zum GATT abgeordneter Beamter der NORAD gegen das GATT eingebracht hatte. Das Verwaltungsgericht der ILO sah ihn nicht als Bediensteten des GATT an und hielt ihn daher auch nicht für berechtigt, die Gerichtsbarkeit des ILO-Verwaltungsgerichts in Anspruch zu nehmen.

Um eine Rechtsverweigerung gegenüber nationalen Beamten, die dergestalt zu Eurocontrol abgeordnet waren, während der Übergangszeit bis zum Inkrafttreten des Verwaltungsstatuts für das festangestellte Personal der Agentur zu vermeiden, mußten diese Personen bis dahin weiterhin der innerstaatlichen Gerichtsbarkeit unterstehen. Ziffer 5 des Zeichnungsprotokolls stellte zutreffend fest, daß weder das Übereinkommen noch die als Anlage beigefügte Satzung die Zuständigkeit der innerstaatlichen Gerichte hinsichtlich dieser Beamten beschränke. Wenn übrigens diese Ziffer einen Rechtssatz hätte aufstellen wollen, der für die gesamte Laufzeit des Übereinkommens hätte gültig bleiben sollen, warum wurde er dann in das Zeichnungsprotokoll verbannt? Wenn diese Bestimmung wirklich eine Verweisung für diesen ganzen Zeitraum hätte darstellen sollen, hätte sie anders formuliert und in das Übereinkommen selbst aufgenommen werden müssen, wie das z. B. bei Artikel 183 EWG der Fall ist.

3. *Unzuständigkeit ratione materiae*

Es ist unvorstellbar, daß eine internationale Organisation bereit sein könnte, allfällige Rechtsstreitigkeiten mit Mitgliedern ihres Personals auf Dauer der Gerichtsbarkeit der Gerichte der Mitgliedstaaten zu unterstellen. Eine solche Regelung hätte zur Folge, daß die Arbeitsbedingungen von Bediensteten der Organisation, die innerhalb der Organisation gleiche Aufgaben erfüllen, verschieden wären, je nach der Rechtsprechung der betreffenden innerstaatlichen Gerichte. Während einer Übergangszeit könnte eine Organisation eine solche Regelung notfalls vielleicht noch hinnehmen. So hatte während einer Übergangszeit von März bis September 1963 Eurocontrol mit einem abgeordneten Personal gearbeitet, dessen Mitglieder weiterhin von den abordnenden innerstaatlichen Dienststellen besoldet wurden und dessen Dienstverhältnisse weiterhin dem Recht und der Gerichtsbarkeit des jeweiligen Heimatstaates unterstanden. Als die in Ziffer 5 des Zeichnungsprotokolls enthaltene Feststellung getroffen wurde, befand sich das gesamte in der Eurocontrol arbeitende Personal in dieser Lage. Das Arbeitsgericht Karlsruhe unterstellt den Verfassern dieser Feststellung zu Unrecht, daß sie mit dem Wort „Personal“ sowohl das dergestalt zur Verfügung gestellte Personal als auch das Personal bezeichnen wollten, das unmittelbar von Eurocontrol angestellt worden sei (Erw. 4 [d] S. 13/14 des Umdrucks). In dem Zeitpunkt, auf den sich diese Feststellung bezieht, gab es noch kein unmittelbar von Eurocontrol eingestelltes Personal. Sobald aber Eurocontrol ein Verwaltungstatut für das festangestellte Personal der Agentur erlassen und dessen Besoldung übernommen hatte, mußte dieses Personal aus den oben (S. 13) angeführten Gründen zwangsläufig einem einheitlichen Dienstrecht und einer einheitlichen Gerichtsbarkeit unterworfen werden.

Selbst wenn Eurocontrol dennoch auf die innerstaatlichen Gerichtsbarkeiten zur Entscheidung von Streitigkeiten zwischen Eurocontrol und ihren Bediensteten verwiesen haben sollte, wäre einer solchen Verweisung die Tatsache entgegengestanden, daß deutsche Gerichte hierfür ratione materiae unzuständig sind. Das Arbeitsgericht Karlsruhe gibt selbst zu (Erw. 5 [b] S. 18 des Umdrucks), daß die Beziehungen des Klägers zu Eurocontrol keine privatrechtlichen Beziehungen wie diejenigen zwischen irgendwelchen beliebigen Arbeitnehmern und Arbeitgebern seien. Mit Recht geht das Arbeitsgericht davon aus, daß hier vielmehr ein öffentlich-rechtliches Dienst- und Treueverhältnis vorliegt.* Mit Recht hat sich daher das Arbeitsgericht für unzuständig erklärt. Es hat jedoch aus seiner Feststellung, daß die Beziehungen zwischen Eurocontrol und dem Kläger öffentlich-rechtlicher Natur seien, eine recht seltsame Schlußfolgerung gezogen. Nach Ansicht des Arbeitsgerichts sollen diese Beziehungen deshalb nämlich in die Zuständigkeit der deutschen Verwaltungsgerichte fallen. Wenn aber die Beziehungen zwischen dem Kläger und Eurocontrol auch tatsächlich öffentlich-rechtlicher Natur sind, so gehören sie damit doch noch keineswegs zum *deutschen* öffentlichen Recht. Die deutschen Verwaltungsgerichte sind aber nur berufen, die Rechtmäßigkeit *deutscher* Verwaltungsakte zu beurteilen (vgl. *Vogel,* Der räumliche Anwendungsbereich der Verwaltungsrechtsnorm S. 322, Anm. 82 m. w. Nachw.). Die Bundesrepublik Deutschland ist zwar einer der sieben Mitgliedstaaten von Eurocontrol. Deshalb sind aber die Akte von Eurocontrol noch nicht zu einem Siebentel Akte deutscher Verwaltungsbehörden. Mit Recht hat sich der franzöische Conseil d'Etat für unzuständig erklärt, einen Rechtsstreit zwischen einem internationalen Beamten französischer Staatsangehörigkeit und seiner Organisation zu entscheiden (Affaire Weiss 20. 2. 1953, Recueil, S. 87). Ebenso hat er sich für unzuständig erklärt, die Rechtsgültigkeit einer Entscheidung zu beurteilen, die der Oberkommandierende der französischen Besatzungszone in Österreich aufgrund der ihm durch interalliierte Abmachungen übertragenen Polizeigewalt getroffen hatte. Diese Entscheidung habe keinen französischen Verwaltungsakt dargestellt (Affaire Dame Riefenstahl 24. 2. 1956, Recueil, S. 605 und 637). Die Europäische Menschenrechtskommission hat sich gleichfalls für unzuständig erklärt, über die Beschwerde von Hess gegen das Vereinigte Königreich zu entscheiden, da das Vereinigte Königreich Rudolf Hess in Spandau nicht als alleinige Gewahrsamsmacht gefangen hält, sondern aufgrund eines Viermächteabkommens. Dessen Festhaltung sei daher kein britischer Verwaltungsakt (Annuaire de la Convention Européenne des Droits de l'Homme 18 [1975] S. 146).

Selbst wenn man aber der Argumentation des Arbeitsgerichts Karlsruhe folgen und von der eigenständigen Rechtspersönlichkeit der Eurocontrol absehen wollte (was übrigens im Widerspruch zu dessen eingangs [oben S. 13] erwähnten zutreffenden Feststellungen steht), wäre ein Akt der Eurocontrol immer doch nur zu einem Siebentel ein deutscher Verwaltungsakt. Wenn das Arbeitsgericht darin zur Gänze einen deutschen Verwaltungsakt sehen will, übergeht es souveräne Rechte der anderen sechs Mitgliedstaaten. Wollte man also wirklich die Akte der Eurocontrol als zusammengesetzte Akte ihrer Mitgliedstaaten und nicht als eigenständige Akte der Eurocontrol, einer Organisation mit

* Ebenso die Schriftsätze der Rechtsabteilung der VN und des US State Department als amici curiae im Verfahren Broadbent v. Organisation of American States.

eigener Rechtspersönlichkeit, ansehen, müßte man diese Akte logischerweise dennoch wieder von der Gerichtsbarkeit der Gerichte irgendeines ihrer Mitgliedstaaten ausnehmen. Das Landesarbeitsgericht Rheinland-Pfalz (Urteil vom 23. 2. 1960, zitiert bei *Schroer*, De l'Application de l'Immunité Juridictionelle des Etats étrangers aux Organisations internationales, Revue Générale de Droit International Public 1971, S. 723, Anm. 31) hatte die NATO nur als Träger von Teilausschnitten der Souveränitätsrechte der Mitgliedstaaten angesehen. Daraus hat das Landesarbeitsgericht Rheinland-Pfalz die Immunität der NATO von der deutschen Gerichtsbarkeit abgeleitet. Wäre es jedoch der Argumentation des Arbeitsgerichts Karlsruhe gefolgt, hätte es die deutsche Gerichtsbarkeit anerkennen müssen, da die Akte der NATO dann ja zu einem fünfzehnten Teil Akte deutscher Behörden gewesen wären.

Das Urteil des Arbeitsgerichts Karlsruhe (Erw. 5, S. 19 der Umschrift) ist der Ansicht, daß die deutschen Verwaltungsgerichte auf den Rechtsstreit zwischen dem Kläger und Eurocontrol das Verwaltungsstatut des festangestellten Personals der Agentur anzuwenden hätten, das die Eurocontrol aufgrund des Artikel 14 der Satzung der Agentur erlassen hat. Da ein deutsches Verwaltungsgericht einen Rechtsstreit nur aufgrund deutschen Rechtes entscheiden kann, ist anzunehmen, daß das Urteil dieses Verwaltungsstatut als Bestandteil des deutschen Rechtes ansieht, wohl aufgrund des deutschen Zustimmungsgesetzes zum Erocontrol-Übereinkommen. Diese Auffassung läßt sich mit den Ausführungen in Erw. 4 (c) Seite 12 der Umschrift nur vereinbaren, wenn man die dort behauptete Nichtigkeit aller gegen Ziffer 5 des Zeichnungsprotokolls angeblich verstoßende Akte im Sinn einer Teilnichtigkeit nur des Artikel 92 ABB ist gleich Artikel 93 des Verwaltungsstatuts versteht. Eine solche Teilnichtigkeit ist aber keineswegs selbstverständlich.

Das Urteil hat offenbar selbst Bedenken gegen eine Unterstellung solcher Streitigkeiten unter die deutsche Verwaltungsgerichtsbarkeit, deren Bestehen es so mühsam zu begründen versucht. Dies führt zu einem sehr persönlichen Vorschlag, der bisher noch nirgends vertreten wurde. Um den Rechtsschutz der Betroffenen zu erleichtern, sollte ihnen demnach der Zugang zu den nationalen Gerichten eingeräumt werden. Der Vorschlag führt aber keinerlei Gründe dafür an, weshalb die zunehmende europäische Integration zwingend erfordere, daß man sich auf diese Weise über den selbstverständlichen Grundsatz wegsetzen müsse, daß jede Rechtsordnung ihre eigenen Gerichte hat und daß jedenfalls bei internationalen Organisationen Personalstreitigkeiten vor deren eigenes Verwaltungsgericht gehören. Zur Wahrung der dennoch auch dem Urteil notwendig erscheinenden Einheitlichkeit des Dienstrechts internationaler Organisationen schlägt es vor, daß internationale Gerichte insoweit als supranationale Revisionsgerichte über einen nationalen Instanzenzug fungieren sollten (Erw. 4 [d] S. 14 der Umschrift). Ein solches Regime erscheint mir aber nicht einmal de lege ferenda sinnvoll. Es wäre zu schwerfällig und brächte in die Dienstverhältnisse der Organisation eine unerwünschte Verschiedenheit, wenn auch nur vorübergehend bis zu dem Zeitpunkt, in dem das supranationale Revisionsgericht die notwendige Einheitlichkeit des Dienstrechts wiederhergestellt haben würde. Ferner ist das Personal der Eurocontrol-Agentur an diese durch das Verwaltungsstatut bzw. die ABB und die lettre d'engagement gebunden und nicht durch das Eurocontrol-Übereinkommen und das Zeichnungsprotokoll. Es geht aber aus Artikel 92 ABB ist gleich Artikel 93 des Verwaltungsstatuts klar hervor, daß der Bedienstete mit seinem Eintritt in den Dienst der Eurocontrol auch die ausschließliche Gerichtsbarkeit des ILO-Verwaltungsgerichts annimmt. Das Arbeitsgericht Karlsruhe geht zwar davon aus, daß Eurocontrol und ihre Dienstnehmer eine solche Vereinbarung über die ausschließliche und nicht bloß subsidiäre Zuständigkeit des ILO-Verwaltungsgerichts tatsächlich treffen wollten, (Erw. 4 [e] S. 14/15 der Umschrift), hält sie aber im Hinblick auf die Prorogationsunzulässigkeit im deutschen Verwaltungsgerichtsverfahren für von vornherein unwirksam (Erw. 7 S. 20 der Umschrift).

Dieses Prorogationsverbot will offenbar verhindern, daß ausländische Gerichte kraft Prorogation zu einer auch in der Bundesrepublik Deutschland anzuerkennenden Entscheidung über die Rechtmäßigkeit deutscher Verwaltungsakte berufen werden könnten. Dieses Verbot begründet daher insoweit eine Monopolstellung der deutschen Verwaltungsgerichte. Ein solches Verbot kann aber doch nur dann gelten, wenn die deutschen Verwaltungsgerichte ratione materiae zuständig wären. Wir haben aber schon gesehen, daß dies nicht der Fall ist.

Wenn man das Dienstverhältnis des Klägers zu Eurocontrol als privatrechtliches Dienstverhältnis qualifizieren wollte, wäre eine Prorogation zulässig (vgl. BAG 29. 6. 1978, Recht der Arbeit 1978, S. 402, BAG 12. 10. 1977, ebd. S. 127). Nun ist dieses Dienstverhältnis aber öffentlichrechtlicher Natur, allerdings aufgrund des internen Rechts der Eurocontrol und *nicht* aufgrund des deutschen öffentlichen Rechts. Das Prorogationsverbot des deutschen öffentlichen Rechts zu Gunsten „des Verwaltungsrechtswegs" (§ 45 Vw GO, *Kopp*, Verwaltungsgerichtsordnung, Anm. 3 zu § 45 Vw GO), das heißt des Weges zu den deutschen Verwaltungsgerichten, findet auf diese Dienstverhältnisse also keine Anwendung. Eine solche Regel müßte, um im vorliegenden Fall einen Monopolanspruch der deutschen Verwaltungsgerichtsbarkeit begründen zu können, vielmehr im Rechte der Eurocontrol aufscheinen. Dies ist aber nicht der Fall. Durch den Abschluß des Abkommens zwischen Eurocontrol und dem Verwaltungsgericht der ILO hat das öffentliche

Recht der Eurocontrol vielmehr die ausschließliche Unterwerfung der Dienststreitigkeiten unter die Rechtsprechung des Verwaltungsgerichts der ILO vorgesehen, mit der sich jeder Bedienstete überdies durch die Annahme seiner Lettre d'engagement einverstanden erklärt hat.

Zwar können Einzelpersonen grundsätzlich Rechte auch aus völkerrechtlichen Verträgen ableiten. Dies gilt aber nur dann, wenn die betreffenden Bestimmungen ein solches Recht klar und eindeutig in einer Weise verleihen, daß keine weiteren innerstaatlichen Bestimmungen zur Handhabung dieses Rechtes erforderlich sind. Solche Bestimmungen bezeichnet man als „self-executing". Nun spricht die Bestimmung der Ziffer 5 des Zeichnungsprotokolls, aus der der Kläger die Fortdauer der Zuständigkeit der innerstaatlichen Gerichte ableiten will, keineswegs eindeutig im Sinn des Vorbringens des Klägers. Selbst wenn dem aber so wäre, stellt die Anrufung eines solchen Gerichts durch einen Eurocontrol-Bediensteten nach Annahme seiner Lettre d'engagement für ihn ein venire contra factum proprium dar, ja sogar eine Verletzung seiner in Artikel 11 ABB bzw. Artikel 11 des Verwaltungsstatuts übernommenen Pflichten (s. oben S. 13).

Das Verwaltungsgericht der ILO hat überdies Gelegenheit gehabt, das Argument seiner sich angeblich aus Ziffer 5 des Zeichnungsprotokolls ergebenden Unzuständigkeit zu überprüfen. Es hat dieses Argument als unbegründet zurückgewiesen (Urteil Nr. 322 in Sachen Breuckmann [Nr. 2] vom 21. 11. 1976). Das Verwaltungsgericht der ILO hat bisher 11 Streitfälle zwischen Eurocontrol und ihren Bediensteten entschieden, 4 weitere Fälle sind anhängig.

Der Kläger hat Zweifel geäußert, ob die Unterstellung solcher Streitfälle unter die ausschließliche Gerichtsbarkeit des Verwaltungsgerichts der ILO mit demokratischen und rechtsstaatlichen Prinzipien vereinbar sei, da dieses Gericht in erster und letzter Instanz entscheide. Schon im Hinblick auf die hervorragende Qualität seiner Mitglieder und seiner Rechtsprechung erscheint dieser Zweifel völlig unbegründet. Der Internationale Gerichtshof hält es für ein echtes Gericht (Judgments of Administrative Tribunal of the ILO upon complaints against UNESCO, ICJ Reports 1956, S. 77). Kläger können sich vor dem Verwaltungsgericht der ILO durch heimische Anwälte vertreten lassen, es besteht kein Anwaltszwang, und selbst wenn die Beschwerde abgewiesen wird, gehen die Kosten zu Lasten der Organisation. Insoweit ist dieses Gericht also sogar demokratischer als nationale Gerichte. Nahezu alle vergleichbaren internationalen Gerichte entscheiden ebenfalls ohne Instanzenzug. Jedenfalls hat das BAG in seiner oben angeführten Entscheidung vom 25. 1. 1973 (Arbeitsrechtliche Praxis DVA 3) zutreffend festgestellt, daß eine deutsche Verordnung, die im Ergebnis einen

Rechtsstreit aus dem Dienstverhältnis zwischen Bediensteten der ESOC deren Appeals Board, einem ebenfalls einstufigen internationalen Verwaltungsgericht, unterstellt, der demokratisch rechtsstaatlichen Grundordnung des Grundgesetzes nicht widerspricht.

4. *Rechtswirksamkeit der ABB und des Verwaltungsstatuts*

Wie schon oben ausgeführt (S. 15 - 18), ist der Gedanke abzulehnen, daß Ziffer 5 des Zeichnungsprotokolls eine Verweisung auf die nationale Gerichtsbarkeit mit Bindung für die Zukunft bewirken wollte. Es muß nun abschließend auch noch eine Folgerung widerlegt werden, die das Arbeitsgericht Karlsruhe aus dieser seiner irrigen Auslegung der Bestimmung gezogen hat. Seiner Ansicht nach wären die Bestimmungen der ABB bzw. des Verwaltungstatuts, zumindest aber Artikel 92 ABB = Artikel 93 des Verwaltungsstatuts ultra vires. Diese Bestimmungen seien aufgrund des Artikel 14 der Satzung der Eurocontrol-Agentur erlassen worden, der seinerseits mit dem Vorbehalt belastet gewesen sei, daß das Personalrecht der Eurocontrol die Zuständigkeit der innerstaatlichen Gerichte in bezug auf Dienststreitigkeiten nicht beschränken dürfe. Wir haben oben (S. 19) schon dargelegt, warum wir diese Argumentation des Gerichts ablehnen. Es ist jedoch noch folgendes hinzuzufügen:

Um in Kraft treten zu können, mußten die ABB und das Verwaltungsstatut einstimmig vom obersten Organ der Eurocontrol gebilligt werden, nämlich von der aus Ministern der sieben Mitgliedstaaten bestehenden Kommission. Diese Genehmigung ebenso wie der von dieser Kommission ebenso einstimmig gebilligte Abschluß des Abkommens mit der ILO, durch den Eurocontrol das Verwaltungsgericht der ILO mit der ausschließlichen Gerichtsbarkeit über Streitigkeiten zwischen Eurocontrol und ihren Bediensteten betraut hat, ebenso wie die umfangreiche Rechtsprechung des Gerichts in solchen Streitfällen, stellt eine Bestätigung durch nachfolgende Praxis dar, daß die im vorliegenden Gutachten vertretene Auslegung der Ziffer 5 des Zeichnungsprotokolls richtig ist.

Selbst wenn man die Formulierung dieser Bestimmung als mehrdeutig ansehen wollte, wäre sie durch diese nachfolgende Praxis in dem von Eurocontrol vertretenen Sinn eindeutig ausgelegt worden. Es geht aber sowohl aus Artikel 31 Absatz 3 Buchstabe (b) der Wiener Konvention über das Recht der Verträge vom 23. Mai 1969 (*Müller / Wildhaber*, Praxis des Völkerrechts, 1977, S. 517) als auch aus dem internationalen Schiedsspruch über die Auslegung des italienisch-amerikanischen Luftverkehrsabkommens (Schiedsspruch vom 17. 7. 1965, Revue Générale de Droit international public 1968, S. 484 - 485, International Law Reports 45, S. 394) hervor, daß „jede nachfolgende Praxis in der Anwendung des Vertrages, die die Übereinstimmung der Parteien hinsichtlich der Auslegung zum Ausdruck bringt“ ein Hauptauslegungsmittel für jeden völkerrechtlichen Vertrag ist.

Was zumindest ihre Wirkung im Völkerrecht anbetrifft, so könnte eine einstimmige Entscheidung der Minister der sieben Mietgliedstaaten, die die Eurocontrol-Kommission bilden, als ein in vereinfachter Form abgeschlossenes Abkommen angesehen werden. Dies entspricht der Rechtsbedeutung, die Frankreich und das Vereinigte Königreich den in Luxemburg am 29. 1. 1966 von den im Rat vereinigten Vertretern der Regierungen der Mitgliedstaaten gefaßten Beschlüssen beimessen. Im Völkerrecht hat ein im vereinfachten Verfahren abgeschlossener Vertrag die gleiche Geltungskraft wie ein förmlicher Vertrag. So wurde z. B. die Regelung des Versailler Vertrages über die Staatsangehörigkeit der in Elsaß-Lothringen geborenen Kinder deutscher Einwanderer durch einen bloßen Notenwechsel vom 8. 3. 1939 zwischen dem Reichsinnenminister und dem französischen Innenminister abgeändert (*Lichter*, Die Staatsangehörigkeit nach deutschem und ausländischem Recht, 2. Auflage 1955, S. 390). Im Völkerrecht kann ein früherer förmlicher Vertrag ohne Einhaltung der darin für dessen Änderung vorgesehenen Regelungen bzw. in Ermangelung jedweder Regelung hinsichtlich allfälliger Änderungen durch einen späteren Vertrag zwischen denselben Parteien geändert werden, selbst wenn dieser spätere Vertrag im vereinfachten Verfahren abgeschlossen wurde. Wenn der frühere Vertrag in self-executing-Bestimmungen Einzelpersonen Rechte verliehen hatte, können auch solche Rechte durch einen späteren Vertrag zwischen den gleichen Vertragsparteien in völkerrechtlich einwandfreier Weise beseitigt werden, ohne daß diesen Personen ein Rechtsmittel gegen diese Entziehung ihrer Rechte zustünde. (Vgl. das Schicksal des Genfer Abkommens von 1922 (Reichsgesetzblatt 1922 II, S. 238) nach der deutsch-polnischen Erklärung vom 26. 1. 1934).

Das Eurocontrol-Übereinkommen und das Zeichnungsprotokoll enthalten keine Regel über ihre eigene Abänderung. Artikel 34 des Übereinkommens bezieht sich nur auf Änderungen der Satzung der Agentur. In mehreren Fällen hat die Kommission dennoch durch einstimmige Beschlüsse das Übereinkommen geändert, ohne eine formelle Änderung des Übereinkommens herbeizuführen. So wurde* z. B. der Grundsatz der Einheitlichkeit der Kontrolle des Luftraums (Art. 38 des Übereinkommens) aufgrund einer Entscheidung der Kommission vom 26. 1. 1966 als Folge des Moroni-Berichts aufgegeben. Wenn Artikel 14 der Satzung der Agentur tatsächlich mit einem Vorbehalt zu Gunsten der Zuständigkeit der innerstaatlichen Gerichte belastet gewesen wäre, dann wäre dieser Vorbehalt durch die nachfolgenden einstimmigen

Beschlüsse der Kommission, die als im vereinfachten Verfahren abgeschlossene Verträge anzusehen sind, in völkerrechtlich einwandfreier Weise beseitigt worden. Diese Beschlüsse genehmigten nämlich das Verwaltungsstatut und die ABB einschließlich ihrer Bestimmungen, die die ausschließliche Zuständigkeit des Verwaltungsgerichts der ILO vorsehen. Die Ziffer 5 des Zeichnungsprotokolls wäre gegen solche späteren Abänderungen keineswegs geschützt. Dies sieht man schon daraus, daß Ziffer 4 desselben Zeichnungsprotokolls durch eine solche einstimmige Kommissionsentscheidung geändert wurde. Die Gehaltsstufen werden nämlich jetzt doch durch genaue Festsetzung der Beträge bestimmt und nicht lediglich durch Angabe ihrer Staffelung, wie in Ziffer 4 vorgesehen.

Durch die einstimmige Genehmigung des Vertrages zwischen Eurocontrol und ILO über die Zuständigkeit des Verwaltungsgerichts der ILO hätten die Minister der sieben Mitgliedstaaten einstimmig in einem im vereinfachten Verfahren geschlossenen Vertrag einen weiteren Akt gesetzt, der einen angeblich bestehenden Vorbehalt der Ziffer 5 des Zeichnungsprotokolls beseitigt haben würde. Im Völkerrecht ist jeder Zweifel daran zerstreut, daß die Ziffer 5 des Zeichnungsprotokolls heute unwirksam ist — sei es aufgrund der Auslegung durch nachfolgende Praxis, sei es aufgrund der Gleichsetzung von einstimmigen Entscheidungen der Kommission mit dem Abschluß von Verträgen im vereinfachten Verfahren.

Selbst wenn man diese Möglichkeiten der Heilung einer angeblich bestanden habenden Teilnichtigkeit des Eurocontrol-Übereinkommens und der Satzung der Agentur verneinen und behaupten wollte, der Abschluß des Vertrages zwischen Eurocontrol und der ILO sei ein ultra vires Akt der Eurocontrol, so würde daraus keineswegs die Nichtigkeit dieses Vertrages gegenüber der ILO folgen. (Vgl. Die Separate Opinion des Richters *Morelli* zum Rechtsgutachten des IGH vom 20. 7. 1962 über Certain Expenses of the United Nations, ICJ Reports 1962, S. 221 - 223). Die Eurocontrol bliebe der ILO gegenüber trotzdem verpflichtet, deren Verwaltungsgericht die ausschließliche Gerichtsbarkeit über die gegenständlichen Personalstreitigkeiten einzuräumen (vgl. hierzu Art. 27 Abs. 2 der Draft Articles on Treaties concluded between States and International Organizations or between International Organizations, Yearbook of the International Law Commission 1977 Vol. II, Part Two, S. 118, dessen Abs. 3 von der sinngemäßen Anwendung des Art. 46 der Wiener Konvention über das Recht der Verträge ausgeht).

Bestünde tatsächlich die vom Arbeitsgericht Karlsruhe angenommene Verpflichtung der Eurocontrol, insoweit die Gerichtsbarkeit der innerstaatlichen Gerichte der Mitgliedstaaten anzuerkennen, müßte der Konflikt zwischen diesen beiden sich dann widersprechenden Bestimmungen dadurch gelöst werden, daß eine dieser Bestimmungen aufgehoben oder so ausgelegt wird, daß der angebliche Widerspruch zwischen diesen beiden Bestimmungen verschwindet. Das Verhalten der Mitgliedstaaten der Eurocontrol und Eurocontrols selbst zeigt, daß die Praxis sich für die Vermeidung eines solchen Konflikts mit der ILO entschieden hat.

In ihrem völkerrechtlichen Verhältnis zu den anderen Mitgliedstaaten ist die Bundesrepublik Deutschland daher auf alle Fälle zur Beachtung der Tatsache verpflichtet, daß dem Verwaltungsgericht der ILO die ausschließliche Gerichtsbarkeit über die gegenständlichen Streitfälle zuerkannt worden ist. Auch im innerstaatlichen deutschen Recht sind wir mit zwei verschiedenen Auslegungsmöglichkeiten der Ziffer 5 des Zeichnungsprotokolls konfrontiert. Wenn man der vom Arbeitsgericht Karlsruhe gewählten Auslegung folgen wollte, würde dies zu einem Konflikt zwischen der Rechtslage nach deutschem Recht und nach Völkerrecht führen. Nach dieser Auslegung bestünde eine Zuständigkeit deutscher Gerichte für diese Angelegenheiten, obwohl oben (S. 19) schon dargelegt ist, daß selbst bei Auslegung dieser Bestimmung als Verweisung auf die deutsche Gerichtsbarkeit sowohl die deutschen Gerichte des bürgerlichen Rechts (insbesondere die Arbeitsgerichte) als auch die deutschen Gerichte des öffentlichen Rechts (insbesondere die deutschen Verwaltungsgerichte, möglicherweise aber nicht das Bundesverfassungsgericht nach dessen allerdings sehr umstrittener Rechtsprechung zum Schutz der Menschenrechte in den Europäischen Gemeinschaften) ratione materiae unzuständig wären. Käme es dennoch zur Ausübung einer Gerichtsbarkeit durch deutsche Gerichte, so läge darin eine Verletzung völkerrechtlicher Rechte der Eurocontrol, die Anlaß zu einer zwischenstaatlichen Streitigkeit geben könnte, die gemäß Artikel 33 des Übereinkommens einem Schiedsgericht zu unterbreiten wäre. Es ist aber schon darauf hingewiesen worden, daß die vom Arbeitsgericht Karlsruhe gewählte Auslegung schon im innerstaatlichen deutschen Recht auf unübersteigbare Schwierigkeiten infolge des Umstandes stoßen würde, daß deutsche Gerichte für solche Streitigkeiten ratione materiae unzuständig sind, und daß diese Auslegung überdies weder logisch noch die einzig mögliche ist. Sieht man nämlich in Ziffer 5 des Zeichnungsprotokolls nur eine Feststellung eines Zustandes, wie er während einer Übergangszeit tatsächlich bestanden hat, dann hat diese Feststellung mit dem Inkrafttreten der ABB = des Verwaltungsstatuts ihre Bedeutung verloren.

Angesichts dieser Alternativen führt nur die Auslegung zu allgemein annehmbaren und befriedigenden Ergebnissen, die diese Bestimmung heute als überholt ansieht. Diese Auslegung vermeidet jeden

Konflikt zwischen dem deutschen Recht und den völkerrechtlichen Verpflichtungen der Bundesrepublik Deutschland gegenüber Eurocontrol und den anderen Mitgliedstaaten. Diese Lösung entspricht auch dem Grundgesetz der Bundesrepublik Deutschland, da das Bundesarbeitsgericht in einer Bedienstete der ESOC bzw. ESRO betreffenden Streitigkeit in der Schaffung einer ausschließlichen Zuständigkeit für ein solches internationales Verwaltungsgericht weder eine Einschränkung der Rechte der Verteidigung oder des Rechtes auf den gesetzlichen Richter noch eine sonstige Gefährdung der demokratisch-rechtsstaatlichen Grundordnung gesehen hat (vgl. oben S. 24).

5. *Schlußfolgerungen*

Aus den obigen Darlegungen ergibt sich:

a) Allfällige vertragliche Einschränkungen des allgemeinen Völkergewohnheitsrechts, derzufolge zwischenstaatliche internationale Organisationen, zu denen Eurocontrol zählt, hinsichtlich dienstrechtlicher Streitigkeiten mit ihren Bediensteten Immunität vor der Gerichtsbarkeit ihrer Mitgliedstaaten genießen, sind ihrerseits einschränkend auszulegen.

b) Ziffer 5 des Zeichnungsprotokolls trifft — richtig ausgelegt — lediglich eine Feststellung hinsichtlich eines Zustandes, der während einer Übergangszeit tatsächlich bestanden hat.

c) Schon rein sprachlich schließt der bei Abweichungen verbindliche französische Text dieser Bestimmung es aus, in ihr eine für die gesamte Geltungsdauer des Eurocontrol-Übereinkommens verbindliche Verweisung zu Gunsten der Zuständigkeit innerstaatlicher Gerichte der Mitgliedstaaten zu sehen.

d) Eine solche Verweisung würde schon daran scheitern, daß die deutschen Arbeitsgerichte infolge der öffentlich-rechtlichen Natur des Dienstverhältnisses mit Eurocontrol ratione materiae unzuständig sind, und daß die deutschen Verwaltungsgerichte nur die Vereinbarkeit der Verwaltungsakte deutscher Behörden mit deutschem Recht überprüfen, also ebenfalls ratione materiae unzuständig sind.

e) Wollte man trotz der sprachlichen und sachlichen Unmöglichkeit einer solchen Auslegung in dieser Bestimmung dennoch eine Verweisung auf die Zuständigkeit innerstaatlicher Gerichte erblicken, wäre diese Verweisung durch die von allen Mitgliedstaaten gebilligte nachfolgende Praxis der Eurocontrol-Kommission widerlegt.

f) Wollte man dies nicht zugeben, so wäre diese Bestimmung dennoch durch einstimmige Beschlüsse der Eurocontrol-Kommission aufgehoben worden, die als Abschluß von das Eurocontrol-Übereinkommen abändernden Verträgen im vereinfachten Verfahren anzusehen sind.

g) Völkerrechtlich ist die Bundesrepublik Deutschland gegenüber Eurocontrol und den anderen Mitgliedstaaten daher jedenfalls verpflichtet, die ausschließliche Gerichtsbarkeit des Verwaltungsgerichts der ILO anzuerkennen.

h) Bestehen im deutschen Recht zwei Möglichkeiten der Auslegung einer im unverbindlichen deutschen Text möglicherweise nicht völlig eindeutigen Bestimmung, haben auch deutsche Gerichte die völkerrechtskonforme Auslegung zu wählen, wenn diese Auslegung mit der demokratisch-rechtsstaatlichen Grundordnung im Einklang steht. Dies ist hier der Fall*.

Prof. Dr. Dr. h.c. Ignaz Seidl-Hohenveldern

---

* Seit Erstattung dieses Gutachtens hat das LAG Baden-Württemberg am 28. 9. 1979 das Urteil des Arbeitsgerichts Karlsruhe vom 5. 12. 1978 aufgehoben und ebenso wie die anderen unten S. 31 Anmerkung 4 erwähnten Entscheidungen die Immunität von Eurocontrol in Dienstrechtsstreitfällen anerkannt.

Stellungnahme vom 8. Dezember 1980

A. Zur internationalen Zuständigkeit der bundesdeutschen Gerichte

Leitgedanken *Bleckmanns*

Bleckmann beruft sich auf den Gedanken der Souveränität um daraus eine grundsätzlich unbeschränkte Zuständigkeit der deutschen Gerichte für alle Rechtssachen abzuleiten, die genügend Berührungspunkte mit der Bundesrepublik Deutschland haben (S. 19). Die Immunität der internationalen Organisationen stelle eine Durchbrechung dieses Grundsatzes dar. Die Organisation müsse daher die Beweislast für das Bestehen ihres Rechtes auf Immunität tragen. Die Lage entspreche derjenigen bei der Immunität ausländischer Staaten. Eine solche Immunität bestünde nur für deren Akte jure imperii. Andernfalls würde die Völkerrechtsregel von der absoluten Immunität der Staaten auch heute noch bestehen und alle Staaten, die ausländischen Staaten eine Immunität nur für deren Akte jure imperii einräumen, würden dadurch das Völkerrecht verletzen (S. 20).

Grundsätzliche eigene Stellungnahme

Schwarzenberger[1] hat mit Recht auf die Gefahren hingewiesen, die entstehen, wenn man juristische Thesen ausschließlich aus großen Grundprinzipien ableitet und dabei die sozialen Tatsachen unberücksichtigt läßt, die ihren Niederschlag vor allem in der internationalen Praxis und hier wiederum insbesondere in der Rechtsprechung finden. Das Völkerrecht ist keineswegs versteinert. Es kann und soll sich den heutigen sozialen Bedürfnissen anpassen. Es ist aber schwer, insoweit befriedigende Lösungen zu finden, wenn man von Syllogismus zu Syllogismus springt und dabei noch gelegentlich ausrutscht. So beruft sich *Bleckmann* zum Schutz der Interessen des Gerichtsstaates auf dessen Souveränität. Genau so gut könnte sich aber auch der ausländische Staat, der vor dessen Gerichte zitiert wird, auf seine eigene Souveränität berufen[2].

---

1 *Schwarzenberger*, The Inductive Approach to International Law (London 1965), S. 38 - 39.

Als Ausfluß ihrer Souveränität können Staaten internationale Organisationen schaffen und ihnen Immunität verleihen. Die Immunität dieser Organisationen ist eine funktionelle Immunität. Sie ist ihrer Natur nach verschieden von derjenigen der Staaten (unten S. 51). Die Immunität der internationalen Organisationen muß die Unparteilichkeit der Organisation sichern und ihr ein einheitliches Handeln ermöglichen. Sie schützt die Organisation und deren Personal gegen jede Einmischung eines der Mitgliedstaaten bei der Erfüllung jedweder Aufgabe der Organisation, gleichgültig, ob es sich um solche handelt, die *Bleckmann* als primäre (S. 34) oder um solche, die er als sekundäre (S. 37) Aufgaben bezeichnet. Die internationalen Organisationen besitzen insbesondere die ausschließliche Gerichtsbarkeit in Dienstrechtsstreitigkeiten. Es macht hierbei keinen Unterschied, ob die primären Aufgaben der Organisation hoheitlicher Art sind, wie dies der EuGH für die Tätigkeit von Eurocontrol festgestellt hat[3] oder ob die Organisation nur Forschungsaufgaben ausführt, wie z. B. das CERN. Im Gegensatz zu *Bleckmann* glauben wir nachweisen zu können, daß ein Gewohnheitsrecht der internationalen Organisationen auf Immunität in diesen Angelegenheiten bereits besteht (vgl. unten S. 49). Im Gebiet ihrer Mitgliedstaaten genießen diese Organisationen die Vorrechte und Immunitäten, die zur Erfüllung ihrer Aufgaben notwendig sind. Diese ihnen notwendigerweise einzuräumenden Immunitäten erstrecken sich auf die Akte jure imperii der Organisation ebenso wie auf ihre Akte jure gestionis, weil auch diese auf das engste mit der Erfüllung der Aufgaben der Organisation verbunden sind.

Einzelbemerkungen

Nach *Bleckmann* (S. 17) hätten die deutschen Gerichte sich geweigert, die Immunität der Eurocontrol anzuerkennen. Diese Immunität ist aber von allen Berufungsinstanzen berücksichtigt worden[4].

Nach *Bleckmann* (S. 20) könnte die Regel des Völkergewohnheitsrechts, die die Immunität der Staaten auf deren Akte jure imperii beschränkt, nur dann mit der Anerkennung einer absoluten Immunität durch die sozialistischen Staaten in Einklang gebracht werden, wenn

[2] *Seidl-Hohenveldern*, Souveränität und wirtschaftliche Koexistenz, Clunet 1959, S. 1054, für Begrenzung dieses Respekts souveräner Rechte auf acta jure imperii.

[3] EuGH 14. 10. 1976, Slg. 1976, S. 1541 (1551).

[4] LAG Baden-Württemberg, Kammer Mannheim 28. 9. 1979. Verwaltungsgericht Karlsruhe 5. 7. 1979 (VIII 61/79) und Verwaltungsgerichtshof Baden-Württemberg 7. 8. 1979, NJW 1980, S. 540 in Sachen Hetzel ·/· Eurocontrol. Die Entscheidung des Bundesverfassungsgerichts 2 BvR 1058/79 vom 30. 11. 1979* über die Ablehnung einer einstweiligen Anordnung hält die Immunität für möglicherweise gegeben.

man seiner Theorie von der Allmacht des Gerichtsstaates folgen würde, die dann nur ausnahmsweise durch die Immunitätsregel beschränkt wäre. Andernfalls könnte man nicht von dem Bestehen einer allgemeinen Praxis hinsichtlich des Ausschlusses der acta jure gestionis von der Immunität ausgehen. *Verdross*[5] und ich selbst[6] haben dagegen die Ansicht vertreten, daß im 19. Jahrhundert die Regel von der absoluten Immunität zu breit formuliert worden war, da sie den damals noch nicht vorhersehbaren Fall des handeltreibenden Staates nicht decken wollte noch konnte. Ich vermag nicht ganz einzusehen, wieso *Bleckmann* (S. 21) unterstellt, daß auch *Verdross* und ich implicite ebenfalls von der Vorstellung ausgingen, daß eine Immunität nur als Ausnahme von der Souveränität des Gerichtsstaates eingeräumt würde. Nach der im 20. Jahrhundert vorgenommenen Klarstellung des wahren Umfangs der Staatenimmunität, nämlich des Ausschlusses der Staatshandelsakte, können die Regeln über die Souveränität des Gerichtsstaates und die Immunität des ausländischen Staates nebeneinander bestehen, ohne daß die eine der anderen irgendwie untergeordnet wäre. Dies entspricht überdies vollständig dem Grundsatz der Gleichheit der Staaten.

Jeder Verfasser ist in der Wahl seiner Definitionen natürlich frei. Ich möchte aber dennoch darauf hinweisen, daß die von *Bleckmann* (S. 21) gewählte Definition der Personalhoheit der Staaten mir wenig logisch und der Wirklichkeit nicht entsprechend erscheint. Das Band der Treue, das zwischen einem Staat und seinen Staatsangehörigen besteht, gibt diesem Staat gewiß zumindest eine „jurisdiction to prescribe“, *auch* wenn die Betreffenden sich im Ausland befinden. Dennoch besteht meiner Ansicht nach[7] dieses Treueverhältnis doch genauso, wenn der Betreffende sich in seinem Heimatstaat aufhält, wo diese Personalhoheit allerdings mit der Gebietshoheit dieses Staates zusammenfällt[8]. Auf Seite 22 scheint *Bleckmann* übrigens auch selbst diese Kombination der verschiedenen Zuständigkeiten zu billigen. Wenn das Eigeninteresse der Bundesrepublik am vorliegenden Fall sich daraus ergeben sollte, daß rechtsstaatliche Prinzipien gewahrt werden müßten (S. 24), könnte man *Bleckmann* beruhigen. Diese Prinzipien werden genauso gut auch durch das Verwaltungsgericht der ILO gewahrt, wie es auch *Bleckmann* selbst, zumindest auf Seite 115, zugibt.

Bleckmann (S. 24) leugnet, daß das Völkergewohnheitsrecht schon Regeln darüber entwickelt habe, in welcher Beziehung zueinander die souveränen Rechte einer internationalen Organisation über ihr Perso-

[5] Die Quellen des universellen Völkerrechts (1973), S. 111 - 112.

[6] Völkerrecht, 4. Aufl. 1980, S. 108 Rz. 337 a und 337 b.

[7] Völkerrecht, S. 140, Rz. 452 und S. 238, Rz. 958.

[8] Ebenso Restatement of the Law Second, Foreign Relations Law of the United States (1965), S. 86, § 30.

nal zu dem souveränen Recht des Sitzstaates stehen, Gerichtsbarkeit über alle auf seinem Gebiet befindlichen Personen auszuüben. *Bleckmann* gibt zu, daß Analogieschlüsse im Völkerrecht mißlich sind. *Bleckmann* möchte dennoch insoweit analog die Regeln über die Personalhoheit und die Gebietshoheit anwenden. Er setzt insoweit die Personalhoheit der Organisation über ihre Bediensteten der Personalhoheit eines Staates über seine Staatsangehörigen gleich und bringt sie in Beziehung zu der Gebietshoheit des Staates, in dem sich der Betreffende befindet, im vorliegenden Fall also zu derjenigen der Bundesrepublik Deutschland. Meiner Ansicht nach würde aber aus diesem Analogieschluß zu folgern sein, daß die deutschen Gerichte nichts unternehmen dürften, was diese Bediensteten zu einem illoyalen Akt gegenüber ihrer Organisation bewegen würde[9]. Mir scheint es aber völlig klar, daß ein Bediensteter der Eurocontrol, der zunächst in seinem Anstellungsvertrag die ausschließliche Gerichtsbarkeit des Verwaltungsgerichts der ILO anerkannt hat, illoyal handeln würde, wenn er dienstrechtliche Klagen gegen Eurocontrol vor deutsche Gerichte bringen würde, ja, laut *Bleckmann* sogar bringen müßte.

Bleckmann, Seite 26, Anmerkung 33, beruft sich auf *Dahm*[10] für die überraschende Behauptung, daß das Recht auf friedliche Durchfahrt durch die Küstengewässer die Gebietshoheit eines Staates in seinen Häfen beschränken würde. *Dahm*[11] macht aber einen klaren Unterschied zwischen dem in Küstengewässern und in den Häfen anwendbaren Recht.

Zurück zur Sache, nämlich zur Frage der Souveränität. Hier sei darauf hingewiesen, daß der Internationale Gerichtshof entschieden hat, daß im Völkerrecht die Zuständigkeit eines internationalen Gerichtes grundsätzlich im Hinblick auf die Souveränität der Staaten eng ausgelegt werden müßte. Diese restriktive Auslegungsregel gelte aber nicht bei der Bestimmung der Zuständigkeiten des Verwaltungsgerichts der ILO. Dieses entscheide ja keine Streitigkeiten zwischen Staaten, sondern diejenigen zwischen einer internationalen Organisation und ihren Bediensteten[12].

Bleckmann (S. 26) möchte im Rahmen des Rechtes jeder internationalen Organisation eine Unterscheidung treffen hinsichtlich der Beziehungen mit den Mitgliedstaaten oder zwischen den Organen einerseits und den Beziehungen zwischen der Organisation und ihren Bedienste-

[9] *Verdross,* Völkerrecht (5. Aufl. 1964), S. 369.

[10] Völkerrecht, Bd. I, S. 641 ff.

[11] Ebd., Bd. I, S. 640.

[12] CIJ Reports 1956, S. 97. Zustimmend *Eli Lauterpacht,* The Development of the Law of International Organizations by the Decisions of International Tribunals, Recueil des Cours (RdC) 152 (1976 IV), S. 433 - 434.

ten andererseits. Die ersteren unterstünden dem Völkerrecht und der Gerichtsbarkeit internationaler Gerichte. Die Beziehungen mit den Bediensteten dagegen unterstünden nicht dem Völkerrecht, sondern dem „internen Staatengemeinschaftsrecht", das dem innerstaatlichen Recht viel ähnlicher sei. Da die Bediensteten der Eurocontrol keine Völkerrechtssubjekte seien, unterstünden sie der Gerichtsbarkeit der deutschen Gerichte. Das auf sie anwendbare interne Staatengemeinschaftsrecht komme dem innerstaatlichen Recht sehr nahe. Selbst wenn man diese Ansicht teilen wollte, die jedoch *Meng*[13] verwirft, auf den sich *Bleckmann* dennoch zur Stütze seiner Ansicht in Anmerkung 36 beruft, dann würde dieses interne Staatengemeinschaftsrecht doch dem innerstaatlichen Recht eines ausländischen Staates gleichzustellen sein. Es erscheint mir aber unmöglich, daß deutsche Gerichte Gerichtsbarkeit über das Dienstverhältnis hätten, das z. B. zwischen einem französischen Beamten und Frankreich besteht (S. 27)[14].

Wenn *Bleckmann* (S. 27) das Band zwischen einer Organisation und ihren Bediensteten den Privatrechtsverhältnissen der Organisation zurechnen will, verkennt er den öffentlich-rechtlichen Charakter dieses Bandes, den die deutschen Gerichte hinsichtlich Eurocontrol und ein amerikanischer Court of Appeal hinsichtlich der OAS anerkannt haben[15].

Laut *Bleckmann* (S. 28) dürften die deutschen Gerichte aus Gründen, die er später erklären will, die ausschließliche Gerichtsbarkeit des Verwaltungsgerichts der ILO nicht anerkennen. Sie behielten daher ihre Gerichtsbarkeit über Dienstrechtsstreitigkeiten im Rahmen der Eurocontrol. Selbst wenn man dieser Ansicht *Bleckmanns* beipflichten wollte, so würden dennoch immer dann, wenn derselbe Sachverhalt Anlaß zu einem Rechtsstreit vor nationalen und internationalen Gerichten geben würde, der Gerichtsbarkeit und den Entscheidungen der internationalen Gerichte Vorrang gebühren[16]. Nach *Bleckmann* (S. 29)

---

13 *Meng*, Das Recht der internationalen Organisationen, Eine Entwicklungsstufe des Völkerrechts, 1979, S. 178.

14 Diensthandlungen englischer Beamter hat der BGH, 26. 9. 1978, NJW 1979, S. 1101, ratione materiae für unüberprüfbar gehalten.

15 Arbeitsgericht Karlsruhe 5. 12. 1978, LAG Baden-Württemberg 28. 9. 1979, und Verwaltungsgerichtshof Baden-Württemberg 7. 8. 1979, NJW 1980, S. 540, ferner EuGH 14. 10. 1976, Slg. 1976, S. 1541, für Eurocontrol, Broadbent v. OAS, International Legal Materials (ILM) 19 (1980), S. 217 für OAS.

16 Forderung Frankreichs auf Wiederherstellung der Eigentümerrechte von M. Ottoz (Ottoz Claim 18. 9. 1950, International Law Reports (ILR) 18, S. 435, UN Reports of International Arbitral Awards (RIAA), Bd. 13, S. 232 und der nur teilweise erfolgreichen Klage M. Ottoz vor italienischen Gerichten auf Grund des italienischen Gesetzes über die Wiederherstellung von Eigentümerrechten, die während des Krieges durch vom Feindvermögensverwalter verliehene Mietrechte beeinträchtigt worden waren. Gegen die diesbezügliche Entscheidung des Prätors von Aosta vom 10. 8. 1949, RIAA 13, S. 235, war im

sei das Personalstatut der Eurocontrol nicht in deutsches Recht transformiert worden. Es wäre dennoch absurd, auf die Dienstrechtsverhältnisse zwischen Eurocontrol und ihren Bediensteten deutsches Recht anzuwenden. Als Kompromiß schlägt *Bleckmann* (S. 29) vor, auf dieses Dienstverhältnis das Personalstatut als Bestandteil des (privatrechtlichen) Anstellungsvertrags insoweit anzuwenden, ausgenommen die seiner Ansicht nach gegen die Satzung von Eurocontrol und gegen deutsches Verfassungsrecht verstoßenden Artikel 92 und 93, durch die die Zuständigkeit des Verwaltungsgerichts der ILO begründet wird (vgl. jedoch *Bleckmann* (S. 105) und unten S. 84). Hierbei besteht die Gefahr, daß deutsche Richter das internationale Personalstatut in Angleichung an das deutsche Recht auslegen und damit verfälschen könnten.

B. Die Regelung der Immunität im Eurocontrol-Vertrag

Leitgedanken *Bleckmanns*

Nach *Bleckmann* unterscheidet sich Eurocontrol von den meisten anderen internationalen Organisationen dadurch, daß Eurocontrol z. T. primäre Tätigkeiten, insbesondere die Sicherung der Luftfahrt, der Gerichtsbarkeit nationaler Gerichte unterstellt (S. 31). Die Unterstellung eines Rechtsverhältnisses unter ein nationales Recht umfasse auch die Unterwerfung unter die Gerichtsbarkeit der Gerichte des betreffenden Staates (vgl. aber unten S. 40 und 81). Dieser Immunitätsverzicht müsse umso mehr auch für die sekundären Tätigkeiten von Eurocontrol gelten, insbesondere auch für das Verhältnis ihrer Bediensteten zu Eurocontrol.

Ziffer 5 des Zeichnungsprotokolls könne als ein Verbot ausgelegt werden, dienstrechtliche Streitigkeiten der Zuständigkeit innerstaatlicher Gerichte zu entziehen. Diese Bestimmung müsse sogar so interpretiert werden aufgrund der Auslegungsregel des effet utile und der Auslegung nach dem Sachzusammenhang. Diesen Auslegungsregeln gebühre der Vorrang vor der Auslegung nach der „subsequent practice“ und nach der historischen Auslegungsmethode (S. 35).

Grundsätzliche eigene Stellungnahme

Meiner Ansicht nach gelten die Gründe, die zum Verzicht auf die Immunität für primäre Tätigkeiten von Eurocontrol geführt haben, nur für diese Tätigkeiten. Selbst wenn der Text der Ziffer 5 des Zeich-

Zeitpunkt der Entscheidung der Vergleichskommission eine Berufung noch anhängig.

nungsprotokolls unklar wäre, würde eine Auslegung dieser Bestimmung im Zusammenhang mit den primären Tätigkeiten keinen Sinn ergeben, da die Motive für den erwähnten Immunitätsverzicht nur bei den primären Tätigkeiten gegeben sind. Die Auslegung aufgrund der „subsequent practice“[17] liegt umso näher, als das wahre Ziel der Ziffer 5 des Zeichnungsprotokolls darin bestanden hatte, die Rechtsverhältnisse des Eurocontrol zur Verfügung gestellten Personals während der Anlaufzeit zu regeln. Ein Beharren auf diesen Umständen, die *Bleckmann* (S. 36) zugegebenerweise nicht überprüft hat, kann nicht mit einer Anwendung der historischen Auslegungsmethode gleichgesetzt werden, da weder die Ausarbeitung dieser Bestimmung umstritten ist noch ein Bedeutungswandel der bei Abschluß des Vertrages gewählten Worte (vgl. unten S. 38).

Einzelbemerkungen

Seit ihrer Gründung hat die Weltbank einen Teil ihrer primären Tätigkeit der Gerichtsbarkeit innerstaatlicher Gerichte unterstellt, um auf diese Weise ihre Kreditwürdigkeit zu erhöhen. In gleicher Weise hat Eurocontrol einen Teil[18] ihrer Primärtätigkeit der Gerichtsbarkeit nationaler Gerichte unterstellt, um den Benutzern eine zusätzliche Garantie zu geben. Der Grund für diesen Immunitätsverzicht hat also keinerlei Beziehung zu dem dienstrechtlichen Verhältnis zwischen Eurocontrol und ihren Bediensteten. Für dieses Verhältnis bleibt es bei den allgemeinen Regeln und diese allgemeinen Regeln gewähren Immunität[19]. Die amerikanischen Gerichte haben 1980 die Immunität der OAS in einem dienstrechtlichen Streit mit einem ihrer Beamten

---

[17] Auf Grund dieses auch in Art. 31 Abs. 3 Buchstabe (b) der Wiener Konvention über das Recht der Verträge, österr. BGBl. Nr. 40/1980 verankerten Auslegungsmittels erging z. B. der Schiedsspruch vom 17. 7. 1965 über die Auslegung des italienisch-amerikanischen Luftverkehrsabkommens, ILR 45, S. 394.

[18] Die innerstaatlichen Gerichte können aber nur hinsichtlich desjenigen Teils der Primärtätigkeit der Eurocontrol Gerichtsbarkeit ausüben, für den sie sich dieser Gerichtsbarkeit unterworfen hat. Insoweit dies nicht der Fall ist, z. B. bei den Flugsicherungsgebühren, hat das BVerwG, 16. 9. 1977, NJW 1978, S. 1759 (1761), anerkannt, daß keine deutsche Gerichtsbarkeit besteht, daß Eurocontrol aber, da die Vereinheitlichung der Gebühren auch die gerichtliche Kontrolle durch eine einzige Gerichtsbarkeit verlange, kraft ihres eigenständigen (sekundären) zwischenstaatlichen Rechts die belgischen Gerichte für zuständig erklärt hat.

[19] Zustimmend hinsichtlich der Immunität der Weltbank gegen dienstrechtliche Klagen *Seyersted*, Settlement of Internal Disputes of Intergovernmental Organizations by Internal and External Courts, ZaöRV 24 (1963), S. 81. *Diese* Immunität werde durch den im Text erwähnten, in Art. VII, Abschnitt 3 der Satzung der Weltbank vom 27. 12. 1945, BGBl. 1952 II, 664, in der Fassung des BGBl. 1965 II, 1089 verankerten Immunitätsverzicht in keiner Weise berührt.

anerkannt. Der Kläger hatte alle auch von *Bleckmann* vorgebrachten Argumente verwendet. Er hat dennoch seinen Prozeß verloren. Der wahre Grund, weshalb nationalen Gerichten verwehrt bleibt, das Dienstrecht einer Organisation für deren Beamte auszulegen, ist die Notwendigkeit, dieses Recht einer einzigen Kontrolle zu unterstellen[20]. Wenn man überhaupt Analogieschlüsse im Völkerrecht für zulässig hält, dann würden auf diese dienstrechtlichen Beziehungen analog die Argumente zugunsten einer einheitlichen Kontrolle anzuwenden sein, aufgrund derer das Bundesverwaltungsgericht in seiner Entscheidung vom 16. September 1977[21] Streitfälle über die von Eurocontrol geforderten Gebühren der Gerichtsbarkeit der deutschen Gerichte entzogen hat (S. 33).

Überdies zieht die Unterstellung eines Rechtsverhältnisses unter das materielle Recht eines Staates noch nicht automatisch die Unterwerfung unter die Gerichtsbarkeit seiner Gerichte nach sich, wie dies *Bleckmann* (S. 32) behauptet (vgl. dazu unten S. 40).

Das Argument, das *Bleckmann* (S. 33) aus Artikel 27 des Eurocontrol-Übereinkommens zieht, ist nicht stichhaltig. Die gleiche Bestimmung findet sich auch in Artikel 21 des Abkommens über die Vorrechte und Befreiungen der Vereinten Nationen[22].

Bleckmann unterläßt es, die Gründe darzutun, warum er den Artikel 25 Absatz 2 des Eurocontrol-Übereinkommens extensiv auslegen will (S. 32 vorletzter Absatz), die Artikel 21 ff. aber äußerst restriktiv auslegt (S. 34 Abs. 2).

Zur Auslegung der Ziffer 5 des Zeichnungsprotokolls zitiert *Bleckmann* (S. 35) einige Fälle, in denen der Gesetzgeber in der sprachlichen Form einer Feststellung tatsächlich Gebote und Verbote für die Zukunft aufstellen wollte. Dies ist insbesondere der Fall bei den Grundregeln der Verfassungen einiger Staaten, die den Einzelnen Rechte verleihen wollen. Aber es gibt doch wohl auch andere Beispiele, in denen ein Satz, der als Feststellung erscheint, wirklich nur das gegenwärtige Bestehen einer Tatsache feststellen will. *Larenz*[23] zitiert als Beispiel den Satz: „Die Rechtsfähigkeit des Menschen beginnt mit der Vollendung der Geburt." Wie dem auch sei, so erscheint es mir doch zumindest ungewöhnlich, daß ein Verbot in der Form einer Feststellung getroffen wird. Es scheint mir noch ungewöhnlicher, daß man hier diese Form für eine so nebensächliche Bestimmung gebraucht

---

20 US Circuit Court of Appeals for the District of Columbia, 8. 1. 1980, Broadbent v. OAS, ILM 19 (1980), S. 208 ff. 217.

21 BVerwG 16. 9. 1977, NJW 1978, S. 1759 (1761). s. oben Anm. 18.

22 BGBl. 1980 II, 943.

23 Methodenlehre der Rechtswissenschaft (1979), S. 237.

haben sollte, daß sie in ein Zeichnungsprotokoll verbannt wurde. Gewöhnlich bleibt die Verwendung der sprachlichen Form einer Feststellung zur Aufstellung von Geboten und Verboten für ziemlich feierliche Anlässe vorbehalten.

Bleckmann (S. 36) möchte eine Interpretation durch subsequent practice deshalb ausschließen, weil diese genauso gut das Ergebnis eines Willens zur Abänderung des Übereinkommens durch einen in einen neuen Vertrag umzudeutenden einseitigen Beschluß der Mitgliedstaaten sein könnte. Die Wiener Konvention über das Recht der Verträge hat dennoch die subsequent practice als Auslegungsmittel zugelassen[24] (vgl. unten S. 83). Selbst wenn der Abschluß des Abkommens zwischen Eurocontrol und der ILO das Ergebnis eines solchen Willens der Mitgliedstaaten gewesen wäre, wären die Mitgliedstaaten, wenn sie gemeinsam so handeln, zu einem solchen Handeln aufgrund des Völkerrechts berechtigt gewesen.

Jedenfalls hat der Ständige Internationale Gerichtshof die subsequent practice der Europäischen Donau-Kommission, insbesondere die von ihr erlassenen Schiffahrts- und Polizeiregeln als Beweis des Willens der Vertragspartner des Vertrages angesehen, mit dem diese Kommission errichtet worden war[25].

Bleckmann (S. 36) lehnt die Rechtsgutachten von *Bos* und von mir schon deshalb ab, weil die Auslegung aus dem Sachzusammenhang den Vorrang vor der historischen Auslegungsmethode haben müsse. Ich habe aber oben schon nachgewiesen (oben S. 36), daß aus dem Sachzusammenhang des Verzichts auf die Immunität für bestimmte Primärtätigkeiten keinerlei Rückschlüsse auf die Immunität in Dienstrechtsangelegenheiten gezogen werden können. Im übrigen handelt es sich hier nicht um eine Anwendung der historischen Auslegungsmethode, wie sie den Verfassern der Wiener Konvention über das Recht der Verträge vorgeschwebt hat. Es handelt sich hier nicht darum, eine Textstelle dadurch auszulegen, daß man den Worten die Bedeutung gibt, die sie im Zeitpunkt des Abschlusses des Vertrages hatten, noch darum, eine unklare Stelle des Textes durch einen Rückgriff auf den Willen der Unterhändler auszulegen, wie er in der travaux préparatoires seinen Niederschlag gefunden hat. Es handelt sich hier vielmehr darum, klarzustellen, ob in Übereinstimmung mit Zweck und Ziel des Vertrages die Ziffer 5 des Zeichnungsprotokolls als eine Übergangsbestim-

---

[24] Vgl. oben Anm. 17.

[25] CPJI Serie B Nr. 14, S. 57 - 58; zustimmend *Eli Lauterpacht*, RdC 152, S. 449, der ebd. S. 448 den Fall der persönlichen Arbeit der Arbeitgeber, CPJI Serie B Nr. 13, S. 19, ebd. S. 455, den Fall der UNESCO-Beamten vor dem TAOIT. ICJ Reports 1956, S. 91, und ebd. S. 458 des Namibia Rechtsgutachten, ICJ Reports 1971, Para. 22, zitiert.

mung nur auf eine Rechtslage anzuwenden war, die gegenwärtig nicht mehr besteht, oder ob dieser Bestimmung Dauerwirkung zukommt. *Bleckmann* hätte die Überprüfung der historischen Entwicklung hinsichtlich der Aufnahme von Bediensteten anläßlich der Errichtung von Eurocontrol umso weniger vernachlässigen dürfen, als der Beschluß des Verwaltungsgerichtshofs Baden-Württemberg vom 7. 8. 1979[26] auf diese Umstände abstellt.

Wenn *Bleckmann* die historische Entwicklung dieser Frage überprüft hätte, dann hätte er gesehen, daß der Text der Ziffer 5 des Zeichnungsprotokolls ausschließlich einem zeitweiligen Bedürfnis während der Anlaufperiode Rechnung getragen hat. Das Übereinkommen ging davon aus, der* Eurocontrol* hierfür* Beamte* der staatlichen Verwaltungen zur Verfügung zu stellen, die von diesen besoldet werden und zu diesen zurückkehren sollten. Diese Beamte sollten in dienstrechtlichen Streitigkeiten die innerstaatlichen Gerichte anrufen können. Während dieses Zeitraums war Eurocontrol also bereit, von der ansonsten allgemein gültigen Regel abzugehen, die das gesamte Personal jeder internationalen Organisation einem einheitlichen Arbeitsrecht unterstellt, nämlich einem von der Organisation selbst erlassenen Arbeitsrecht, das einer ebenfalls einheitlichen Kontrolle unterstellt ist, die im allgemeinen durch ein internationales Verwaltungsgericht ausgeübt wird. Der Widerspruch hinsichtlich der Rechtslage des zur Verfügung gestellten Personals und des ständigen Personals, auf den *Bleckmann* (S. 37) hinweist, bestand daher nur während der Anlaufzeit. Nach *Langrod*[27] kann eine Organisation auf Dauer aber nur mit einem Personal arbeiten, das ausschließlich dem Arbeitsrecht der Organisation und der Kontrolle eines internationalen Verwaltungsgerichts unterstellt ist.

Insoweit Eurocontrol mit von den Mitgliedstaaten zur Verfügung gestelltem Personal arbeitete, blieb dieses in der Tat der Zuständigkeit der innerstaatlichen Gerichte unterworfen, soweit es sich um das dienstrechtliche Verhältnis dieser Personen zu den Verwaltungsdienststellen handelte, von denen sie zu Eurocontrol abgestellt worden waren. Das Verwaltungsgericht der ILO wäre ratione materiae sogar unzuständig gewesen, sich mit Streitfällen aus diesen Dienstverhältnissen zu befassen, wie das Verwaltungsgericht der ILO hinsichtlich einer Klage eines von der norwegischen Behörde NORAD dem GATT zur Verfügung gestellten Bediensteten auf Verlängerung seiner Abstellung zum GATT entschieden hat[28]. Umgekehrt aber waren und

---

[26] NJW 1980, S. 540 (542).

[27] *Langrod*, La Réforme 1955 du Tribunal Administratif des Nations Unies, ZaöRV 17 (1956), S. 250.

[28] Affaire 231, *Sletholt*, Annuaire Français de Droit International (AFDI) 1974, S. 392.

bleiben innerstaatliche Gerichte ratione materiae (vgl. unten S. 86) unzuständig für Dienststreitigkeiten hinsichtlich des Personals, das Eurocontrol direkt aufgrund eines öffentlich-rechtlichen Vertrages (vgl. unten S. 66) aufgenommen hat. Die innerstaatlichen Gerichte hatten daher niemals eine Zuständigkeit für solche Streitigkeiten, die im Sinne der Ziffer 5 des Zeichnungsprotokolls beschränkt hätte werden können. Als Eurocontrol begann, mit direkt von Eurocontrol aufgenommenem Personal zu arbeiten, mußte Eurocontrol daher ein zur Entscheidung solcher Streitfälle berufenes Gericht finden. Gleich 21 anderen internationalen Organisationen, die insgesamt 30 000 Bedienstete beschäftigen, hat Eurocontrol die Lösung gewählt, diese Streitigkeiten der Gerichtsbarkeit des Verwaltungsgerichts der ILO zu unterstellen.

Selbst wenn man das Band, das diese Bediensteten an Eurocontrol bindet, nicht als eine öffentlich-rechtliche Bindung ansehen wollte, — die allerdings für kein innerstaatliches Gericht eines der Mitgliedstaaten eine Bindung aus seinem eigenen öffentlichen Recht sein könnte (vgl. unten S. 85) —, hätten diese innerstaatlichen Gerichte dennoch ihre Zuständigkeit zur Entscheidung über solche Dienstrechtsstreitigkeiten verloren. Das Band zwischen Eurocontrol und ihren Bediensteten wäre dann nämlich als eine privatrechtliche Bindung anzusehen, dann aber hätte mit der Unterzeichnung seines Anstellungsvertrages der Bedienstete die Gerichtsbarkeit des Verwaltungsgerichts der ILO anerkannt. Der Artikel 93 des Personalstatuts, dem er sich durch einen dann als privatrechtlich zu wertenden Vertrag unterworfen hat, wäre dann als eine Schiedsklausel und/oder als eine Klausel zur Wahl eines ausländischen Gerichtsstandes anzusehen (vgl. unten S. 62). Weil es also auf die eine oder die andere Weise für dieses Personal keine Dienstrechtstreitigkeiten mehr geben konnte, für die innerstaatliche Gerichte zuständig gewesen wären, hat die Ziffer 5 des Zeichnungsprotokolls ihre Daseinsberechtigung verloren und erlosch durch Desuetudo (vgl. unten S. 70 und 76). Was die Unterwerfung unter ein innerstaatliches Recht betrifft, insbesondere diejenige in Artikel 85 des Personalstatuts betreffend die Sozialversicherung, so ist eine solche Unterwerfung trotz der entgegenstehenden Auffassung *Bleckmanns* (S. 32, 38) keineswegs einer Unterwerfung unter die Gerichtsbarkeit der Gerichte des Staates gleichzusetzen, der die betreffenden Bestimmungen erlassen hat[29] (vgl. auch unten S. 81).

Trotz der Ausführungen *Bleckmanns* halte ich die Schlußfolgerungen meines Rechtsgutachtens vom 8. Juni 1979 aufrecht, daß die subsequent practice klar bewiesen hat, daß die Ziffer 5 des Zeichnungsprotokolls

---

[29] Vgl. *Conseil de l'Europe*, Rapport explicatif de la Convention Européenne sur l'immunité des Etats (1972), para. 24 und section 2, para. 2 des britischen State Immunity Act von 1978, ILM 17 (1978), S. 1123.

für Eurocontrol kein Verbot enthalten hat, Dienststreitigkeiten mit ihrem ständigen Personal der Gerichtsbarkeit innerstaatlicher Gerichte zu entziehen.

C. Die außervertragliche Immunität der Eurocontrol

Leitgedanken *Bleckmanns*

In den Kapiteln C und D untersucht *Bleckmann** die Lage, die sich ergeben würde, wenn man seine Auslegung der Ziffer 5 des Zeichnungsprotokolls nicht annimmt. Seiner Ansicht nach müßte die von ihm gutgeheißene Auslegung den Streitfall zugunsten des Klägers entscheiden. Vorsorglich wendet *Bleckmann* sich aber auch gegen die in meinem Rechtsgutachten vom 8. Juni 1979 vertretene Ansicht, daß nach Völkergewohnheitsrecht die internationalen Organisationen eine zwar funktionell auf Handlungen zur Erfüllung ihrer Funktionen begrenzte Immunität genießen, die aber sowohl solche Handlungen jure imperii als auch solche abdecke, die eine Organisation jure gestionis vorgenommen hat. Laut *Bleckmann* (S. 43, 47) würden, wenn es überhaupt Ansätze zu einem Völkergewohnheitsrecht in dieser Frage gäbe, die Organisationen Immunitäten genießen, die denen der Staaten vergleichbar wären. Die Organisationen unterlägen daher der innerstaatlichen Gerichtsbarkeit für alle ihre Handlungen außer für ihre Handlungen jure imperii. Nach *Bleckmann* (S. 55, 56) bedürften die Organisationen gar keiner Immunität für ihre dienstrechtlichen Streitigkeiten, da die Organisationen ihre Aufgaben genauso gut erfüllen könnten, wenn diese Streitigkeiten der Gerichtsbarkeit innerstaatlicher Gerichte und dem innerstaatlichen Recht unterstehen würden. Es wäre schließlich auch zweifelhaft, ob ein allenfalls bestehendes Völkergewohnheitsrecht zu dieser Frage in deutsches Recht transformiert werden könnte. Nach *Bleckmann* (S. 58) transformiert Artikel 25 GG nur solche Völkergewohnheitsrechtsregeln in innerstaatliches Recht, die sich vollkommen durchgesetzt hätten.

Grundsätzliche eigene Stellungnahme

Ich hoffe dargetan zu haben, daß eine internationale Organisation ihre Tätigkeit nur dann zufriedenstellend ausüben kann, wenn sie über ein Personal verfügt, dessen Beschäftigungsbedingungen einer einheitlichen von der Organisation erlassenen Regelung unterliegen und einer einheitlichen Kontrolle durch ein internationales Verwaltungsgericht unterstellt sind[30]. Nur dessen mit den besonderen Rechtsproblemen internationaler Organisationen vertraute Richter können deren Dienstrecht mit der nötigen Sachkenntnis und Unparteilichkeit (unten S. 50) anwenden. Auch deshalb erklären sich nationale Gerichte hierzu ratione materiae für unzuständig. Diese Lösung findet sich in nahezu[31] allen Organisationen, insbesondere in allen Übereinkommen über die Privilegien und Immunitäten der großen internationalen Organisationen[32] sowie in der gesamten internationalen Rechtsprechungspraxis, abgesehen von einigen Entscheidungen von Gerichten mittelöstlicher Staaten über die UNRWA[33], von denen diese Staaten aber in ihrer späteren Praxis abgegangen sind.

Die gegenständliche Vertragspraxis ist so weit verbreitet, daß es nur wenige Fälle gibt, in denen ein innerstaatliches Gericht mit der Frage des Bestehens der Immunität einer Organisation befaßt war, die nicht durch ein solches Übereinkommen abgesichert gewesen wäre. Aber auch in diesen Fällen haben die angerufenen innerstaatlichen Gerichte dennoch die Immunität der betreffenden Organisation gegenüber ihren Mitgliedstaaten anerkannt[34]. Auf *Bleckmanns* Argument (S. 55, 56), daß die Einheitlichkeit der Regelung der Arbeitsbedingungen und der Arbeitsgerichtsbarkeit für das gedeihliche Wirken einer Organisation nicht notwendig seien, kann ich nur wiederholen, daß diese Einheitlichkeit das einzige Mittel ist, um den sozialen Frieden innerhalb der Organisation sicherzustellen. Eine Störung des sozialen Friedens innerhalb der Organisation würde sich unweigerlich auch auf die primären Dienstleistungen der Organisation auswirken. Selbst wenn man also *Bleckmann* dahingehend folgen wollte, daß die Immunität nur die primären Dienstleistungen der Organisation schützen sollte (S. 56), bestünde dennoch weiterhin die Notwendigkeit, den sozialen Frieden

30 *Seidl-Hohenveldern*, Dienstrechtliche Klagen gegen Internationale Organisationen, in der demnächst erscheinenden Festschrift für H. J. Schlochauer Vgl. auch oben Anm. 20.

31 Vgl. unten Text bei Anm. 48 und 56.

32 z. B. Abkommen vom 21. 11. 1947 über die Vorrechte und Befreiungen der Sonderorganisationen der Vereinten Nationen, BGBl. 1954 II, 639, Allgemeine Abkommen vom 2. 9. 1949 über die Vorrechte und Befreiungen des Europarats und Zusatzprotokoll vom 6. 11. 1952, BGBl. 1954 II, 493, Abkommen vom 13. 2. 1946 über die Vorrechte und Befreiungen der Vereinten Nationen, BGBl. 1980 II, 943.

33 *A. Ehrenfeld*, United Nations Immunity distinguished from Sovereign Immunity, Proceedings of the American Society of International Law, 1958, S. 92, sowie die in der Entscheidung Nr. 57 des Verwaltungsgerichts der UNO (TANU) in Sachen Hilpern v. Secretary General of the United Nations vom 9. 9. 1955, ILR 24, 715, 721, erwähnte Entscheidung eines ägyptischen Gerichts. Das Arbeitsgericht Kairo, 31. 12. 1961, Giurgis c. UNRWA, Yearbook of the International Law Commission, 1967, II, S. 223, erkannte später aber die Immunität der UNRWA an.

34 Vgl. Trib. Florenz 2. 2. 1954 (unten Anm. 60), Cour de Versailles 27. 7. 1945 (unten Anm. 61) und AG Bonn 23. 8. 1961, MDR 1962, S. 315 (unten Anm. 72).

innerhalb der Organisation durch die Anerkennung dieses Mittels zu sichern, das als einziges imstande ist, die Einheitlichkeit der Arbeitsbedingungen zu gewährleisten.

Was die Transformation des Völkergewohnheitsrechtes in deutsches Recht betrifft, beschränken wir uns darauf hinzuweisen, daß das Bundesverfassungsgericht die beschränkte Immunität der Staaten anerkannt hat[35], obwohl diese Regel nicht weltweit anerkannt wird[36]. Eine solche Anerkennung lag im Zeitpunkt der Entscheidung des Bundesverfassungsgerichts gewiß nicht vor, und sie liegt auch heute noch nicht vor, da zumindest die UdSSR weiterhin an der absoluten Immunität der Staaten festhält[37].

Einzelbemerkungen

Bleckmann (S. 39) gibt zu, daß ein Teil der Völkerrechtslehre ein Gewohnheitsrecht der internationalen Organisationen auf absolute Immunität anerkennt. Er hält dem aber entgegen, daß ein genauso großer Teil der Lehre das Bestehen eines Gewohnheitsrechts der internationalen Organisationen auf Immunität leugnet. Von den hierzu von *Bleckmann* (S. 40) zitierten Autoren befaßt sich *Bowett*[38] nur mit der Immunität internationaler Organisationen in dritten Staaten. *Egger*[39] beruft sich zu Unrecht auf Artikel IX Abschnitt 10 des Statuts des Weltwährungsfonds als Beweis gegen das Bestehen eines Gewohnheitsrechts auf Immunität. Diese Bestimmung befaßt sich lediglich mit der Transformation der in diesem Artikel verankerten Immunitätsgrundsätze in innerstaatliches Recht. Was die Bundesrepublik Deutschland betrifft, ermöglicht Artikel 25 GG über die allgemeine Transformation des Völkergewohnheitsrechtes in deutsches innerstaatliches Recht bereits die Erfüllung dieser Verpflichtung, die die Bundesrepublik bei ihrem Beitritt zum Weltwährungsfonds übernommen hat. *F. A. Mann*[40] behandelt gar nicht die internationalen Organisationen im engeren Sinne, sondern lediglich internationale Gesellschaften mit staatlichen Beteiligungen. Grundsätzlich möchte *Mann* sogar diesen Gebilden Immunität

---

[35] BVerfG 30. 4. 1963, BVerfGE 16, 27 (62), ILR 45, S. 57 (80).

[36] Die darauf gestützte Kritik von *Trefftz*, Die beschränkte Immunität in der Bundesrepublik, NJW 1964, S. 957, an diesem Urteil ist vereinzelt geblieben.

[37] *Boguslavsky*, Foreign State Immunity. Soviet Doctrine and Practice, Netherlands Yearbook of International Law 10 (1979), S. 169 - 170.

[38] The Law of International Institutions (1963), S. 283; auch die von *Bleckmann* (S. 40, Anm. 63) zitierte Stelle meines Artikels in AVR 1953/54, S. 30, bezog sich nur auf dieses Problem.

[39] Vorrechte und Befreiungen internationaler Organisationen (Diss., Bern 1954), S. 129.

[40] International Corporations and National Law, British Yearbook of International Law, 1967, S. 145 ff.

gewähren[41]. *Quadri*[42] vertritt hinsichtlich der internationalen Organisationen eine nicht sehr orthodoxe Ansicht, die aber dennoch nicht die Auffassung *Bleckmanns* stützt. *Quadri* leugnet, daß eine internationale Organisation Völkerrechtspersönlichkeit genießen könne. Er billigt den Organisationen aber nichtsdestoweniger Immunität von der Gerichtsbarkeit innerstaatlicher Gerichte für ihre Handlungen jure imperii zu. *Lémonon*[43] hat zwar geleugnet, daß abgesehen von besonderen Vertragsbestimmungen eine solche Immunität bestehen könne und hat eine diesbezügliche Bestimmung in den Resolutionsentwurf aufgenommen, den er dem Institut de Droit International vorgelegt hat. Bei der Verabschiedung dieser Resolution hat das Institut de Droit International aber diese von *Lémonon* vorgeschlagene Bestimmung nicht aufgenommen[44]. *Bleckmann* (S. 41) zitiert ferner *Schroer*[45] zur Stützung seiner These und lobt ihn für einen interessanten Versuch einer Begründung der Übertragung der Immunität der Staaten auf die internationalen Organisationen[46]. Auf Seite 47 des selben Gutachtens lehnt *Bleckmann* aber die Grundlagen der Theorie ab, auf die *Schroer* seinen Auslegungsversuch stützen wollte.

Beitzke[47] möchte die Interessen Dritter stützen, die ihm durch die Anerkennung eines Völkergewohnheitsrechtes auf Immunität der internationalen Organisationen gefährdet erscheinen. Solange diese Organisationen keinen besonderen Schutz für diese Rechte vorsehen würden, neige er dazu, ihnen die Immunität zu verweigern. Nun hat aber Eurocontrol durch die Anerkennung der Gerichtsbarkeit des Verwaltungsgerichts der ILO hier einen solchen besonderen Rechtsschutz vorgesehen. Von allen Autoren, auf die sich *Bleckmann* beruft, bleibt nur die Dissertation von *Schlüter* übrig[48]. *Schlüter* behauptet dort[49], daß sich im Recht der internationalen Organisationen eine neue Tendenz herausbilde, die Gewährung von Immunität besonderen Abkommen

---

41 *Mann*, S. 172 - 173.

42 La personnalité internationale de la Communauté, in: Institut des Etudes Juridiques Européennes de la Faculté de Droit de l'Université de Liège (éditeur), 1969, S. 70.

43 L'immunité de juridiction et d'exécution forcée des Etats étrangers, Annuaire de l'Institut de droit international 44 (1952), S. 21 und 36.

44 Annuaire IDI 45 II (1954), S. 294.

45 *Schröer*, De l'application de l'immunité juridictionelle des Etats aux organisations internationales, RGDIP 75 (1971) S. 712 ff.

46 a. M. *E. Lauterpacht*, RdC 152, S. 434.

47 *Beitzke*, Zivilrechtsfähigkeit von auf Staatsvertrag beruhenden internationalen Organisationen, Berichte der Deutschen Gesellschaft für Völkerrecht, H. 9, 1969, S. 115.

48 Die innerstaatliche Rechtsstellung der internationalen Organisationen (1972), S. 173.

49 *Schlüter*, S. 174

zwischen der Organisation und dem Sitzstaat und/oder anderen in Betracht kommenden Staaten vorzubehalten. Als Beweis erwähnt er die Weltorganisation für geistiges Eigentum[50] und das Internationale Kaffeeübereinkommen[51]. Eine entsprechende Bestimmung findet sich auch im INMARSAT-Abkommen[52]. Alle diese Abkommen verpflichten aber die betreffende Organisation mit allen den Staaten solche Abkommen abzuschließen, in denen sie beabsichtigt, Einrichtungen zu unterhalten. Diese Tendenz, auf die *Schlüter* hingewiesen hat, ist aber keineswegs vorherrschend. Das Recht anderer in jüngster Zeit geschaffener Organisationen enthält die traditionellen Bestimmungen über deren Immunität[53]. Übrigens hat die Weltorganisation für geistiges Eigentum wenig später das Abkommen über die Privilegien und Immunitäten der Sonderorganisationen der Vereinten Nationen ratifiziert[54], das den Organisationen absolute Immunität gewährt. Die Weltorganisation für geistiges Eigentum hat also offensichtlich die Bestimmung, auf der *Schlüter* seine These aufbauen will, nur als eine zusätzliche Absicherung ihrer Immunität empfunden. Es ist darüber hinaus bezeichnend, daß der Internationale Fonds für landwirtschaftliche Entwicklung, die jüngste 1978 geschaffene Sonderorganisation der Vereinten Nationen, ebenfalls dieser Konvention über die Privilegien und Immunitäten der Sonderorganisationen beigetreten ist[55]. Schließlich ist aber noch darauf hinzuweisen, daß *Schlüter* selbst[56] jedes innerstaatliche Gericht ratione materiae für unzuständig hält, eine Dienstrechtstreitigkeit zwischen einer Organisation und einem ihrer Beamten zu entscheiden.

Was die Rechtsprechungspraxis innerstaatlicher Gerichte betrifft, gibt *Bleckmann* (S. 41) zwar zu, daß diese dazu neige, den internationalen Organisationen eine außervertragliche Immunität zuzusprechen. Er weigert sich dennoch, darin den Beweis für den Bestand von Völkergewohnheitsrecht zu sehen. Das ist nicht so erstaunlich, wenn man an den Nachweis des Bestehens einer Regel des Völkergewohnheitsrechts genau so strenge Anforderungen wie *Bleckmann* stellen wollte. *Bleckmann* weigert sich zum Beispiel, das Rechtsgutachten des Internationalen Gerichtshofs vom „17. Juni“ (recte 13. Juli) 1954 über das

---

[50] Weltorganisation für geistiges Eigentum, BGBl. 1970, II, 293.

[51] Internationales Kaffeeübereinkommen vom 31. 1. 1976, BGBl. 1976 II, 1389.

[52] INMARSAT Abkommen vom 3. 9. 1976, BGBl. 1979 II, 1081.

[53] Vgl. Art. IV des Abkommens über Vorrechte und Immunitäten der EWO, Annex I des Übereinkommens vom 30. 5. 1975 zur Gründung einer Europäischen Weltraumorganisation (EWO), BGBl. 1976 II, 1882, der volle Immunität gewährt. Art. XXVIII dieses Annexes ermöglicht den Abschluß von Ergänzungsabkommen mit einzelnen Staaten.

[54] BGBl. 1979 II, 812.

[55] BGBl. 1979 II, 812.

[56] *Schlüter*, S. 177.

Verwaltungsgericht der Vereinten Nationen[57] als Beweis des Bestehens von Gewohnheitsrecht anzuerkennen, da vier der fünfzehn Richter des Gerichtshofs hierzu Sondervoten abgegeben hatten (S. 94). Es ist umso erstaunlicher, wenn *Bleckmann* (S. 46) diese Rechtsprechung nationaler Gerichte zugunsten der Immunität internationaler Organisationen als ein Argument gegen *Jenks*[58] anführt. Nach *Jenks* ist diese Immunität notwendig, um die „zarte Pflanze“ der in Entwicklung begriffenen internationalen Organisationen zu schützen. *Bleckmann* (S. 46) verwirft dieses Argument. Den internationalen Organisationen drohe keinerlei Gefahr von der bisherigen nationalen Rechtsprechung, die sie sehr vorsichtig behandle. *Bleckmann* (S. 69) gibt auch das Bestehen einer Regel des Völkergewohnheitsrechts zu, die Eurocontrol ein souveränes Recht zur Regelung der Angelegenheiten ihres Personals einräumt. Die Rechtsprechung innerstaatlicher Gerichte zugunsten der Immunität internationaler Organisationen beschränkt sich keineswegs auf italienische Gerichte, wie *Bleckmann* (S. 41) glauben machen will. Da Italien nun einmal der Sitzstaat einer Reihe internationaler Organisationen ist, werden italienische Gerichte natürlich öfter Gelegenheit haben, sich mit diesen Fragen zu befassen als die Gerichte mancher anderer Staaten. Ich kann im übrigen keinen Unterschied zwischen den drei Gründen erkennen, auf die laut *Bleckmann* (S. 41 Anmerkung 65 und 66) die italienischen Gerichte ihre Weigerung stützen, solche Streitigkeiten zu entscheiden. Welcher Unterschied besteht zwischen der Immunität schlechthin und der Immunität ratione materiae — soweit es sich um die hier interessierende Frage handelt? Ist die Anerkennung einer ausschließlichen Kompetenz der internationalen Organisation nicht nur ein anderer Ausdruck für ihre Herausnahme (also für ihre Immunität) aus der Gerichtsbarkeit des Gerichtsstaates?

Es trifft zu, daß italienische Gerichte internationalen Organisationen Immunität nur für ihre Akte jure imperii eingeräumt haben (S. 41)[59], aber so, wie diese Gerichte diese Akte definieren, zählen alle Handlungen im Rahmen des Dienstverhältnisses eines Bediensteten der Organisation zu deren Akten jure imperii. Darüber hinaus besteht nicht nur eine Rechtsprechung italienischer Gerichte[60], sondern auch eine

[57] ICJ Reports 1954, S. 47, ILR 21, S. 310.

[58] *Jenks*, International Immunities (1961), S. XXXVII und 40 - 41.

[59] z. B. Cour de Cassation Italienne 7. 6. 1973, Mrs. C. contra ICEM, UN Juridical Yearbook 1973, S. 197.

[60] It. Kassationsgerichtshof 7. 7. 1978 No. 3368 Sindicato F.i.l.t.a.t-C.i.S.l. di Vincenza c. Quartiere Generale delle forze alleate terrestre del Sud Europa NATO di Verona, Rivista Dir. Int. 62 (1979), S. 158, Trib. Florenz 2. 2. 1954, Mazzanti v. H.A.F.S.E. and Ministry of Defence, ILR 22, S. 758, It. Kassationsgerichtshof 27. 5. 1955, Maida contra Administration for International Assistance, ILR 23, S. 515, sowie 26. 2. 1931, Institut International d'Agriculture

solche französischer[61], ägyptischer[62], argentinischer[63], englischer[64], luxemburger[65], mexikanischer[66], chilenischer[67] und US-amerikanischer[68] Gerichte, die die Immunität internationaler Organisationen für Arbeitsstreitigkeiten anerkennen. *Bleckmann* selbst zitiert keinen einzigen Fall, der im entgegengesetzten Sinne entschieden worden wäre. Wenn er die weniger als zehn Fälle, bei denen es sich zum Teil um Doppelzählungen handeln könnte, nicht erwähnt, in denen die Gerichte nahöstlicher Staaten Klagen gegen die UNRWA in den ersten Jahren des Bestehens dieser Einrichtung zugelassen haben, so liegt dies wohl daran, daß nach *Ehrenfeld*[69] diese Entscheidungen auf Drängen der Außenministerien der betreffenden Staaten zugunsten der UNRWA bereinigt worden sind. Im übrigen hat in einem späteren Zeitpunkt ein ägyptisches Gericht ausdrücklich die Immunität der UNRWA anerkannt[70].

Bleckmann (S. 42) kritisiert, daß ich mich für meine Ansichten auf den Beschluß des Bundesarbeitsgerichts vom „21. Januar" (recte 25. Januar) 1973[71] berufe. Der Fall betreffe nicht die Immunität einer Orga-

---

contra Profili, Ann. Dig. 5, S. 414, Cour de Rome 25. 6. 1969, Porru contra F.A.O., UN Juridical Yearbook 1969, S. 238.

61 Tribunal de Paix, Fontainebleau vom 5. 12. 1955, Hénaut contre Etat-Major des Forces Alliées Centre-Europe, AFDI, 1956, S. 764, Cour de Cassation 6. 7. 1954, Procureur Général près de la Cour de Cassation contre Société Immobilière Alfred Dehodencq, ILR 21, 279, Clunet 1956, S. 136, Conseil d'Etat, Consorts Burgat 29. 10. 1976, Recueil 452, AFDI, 1977, S. 999 und 1004, Cour de Versailles 27. 7. 1945, Chemidlin c. Bureau International de Poids et Mesures, Ann. Dig. 12 (1943 - 1945), S. 231, Conseil d'Etat 17. 7. 1931, Dame Adrien, Ann. Dig. 6, S. 33, Cour d'Appel Paris 18. 6. 1968, Klarsfeld c. Office Franco-Allemand pour la Jeunesse, hierzu *Larger*, L'affaire Klarsfeld devant les tribunaux français, AFDI 1968, S. 369 ff. und Cass. soc. 24. 5. 1978, Bellaton c. Agence spatiale européenne, AFDI 1979, S. 894.

62 Arbeitsgericht Kairo 31. 12. 1961 Giurgis v. UNRWA, Yearbook of the International Law Commission, 1967, II, S. 223.

63 Argentinisches Oberstes Arbeitsgericht 19. 3. 1958, Bergaveche v. Centre d'Information des Nations Unies, Yearbook ILC, 1967, II, S. 224, ILR 26, S. 621.

64 Court of Appeals 12. 3. 1940 Godman v. Winterton, Ann. Dig. 11, S. 205.

65 Tribunal Arbitral pour les contestations entre patrons et employés privés 22. 1. 1960, zitiert in dem die gleichen Parteien betreffenden Fall De Bruyn g. Europäisches Parlament, EuGH 1. 3. 1962, Rs. 25/60, Slg. 8 (1962), S. 45 ff. (52).

66 Mexikanischer OHG 28. 4. 1954, Diaz-Diaz c. Commission économique des Nations Unies pour l'Amérique latine, *Akehurst*, The Law Governing Employment in International Organizations (1967), S. 12.

67 Chilen. OGH 8. 11. 1969, X c. Commission économique des Nations-Unies pour l'Amérique latine, UN Juridical Yearbook 1969, S. 237.

68 Siehe oben Anm. 20 und Weidner v. Intelsat, 392 A 2 d 508 (D.C. 1978).

69 United Nations Immunity distinguished from Sovereign Immunity, Proceedings of the American Society of International Law 1958, S. 92, der über diese Fälle berichtet.

70 Siehe oben Anm. 62.

71 Arbeitsgerichtliche Praxis D VA 3 (279).

nisation, sondern des Beamten einer Organisation. Überdies sei diese Immunität ausdrücklich durch eine deutsche Verordnung gewährt worden. Nun hat aber in dem Fall vor dem BAG der Beklagte im Namen und Auftrag der Organisation gehandelt. Zumindest indirekt war also die Organisation von dieser Klage betroffen. Es wäre ansonsten ja auch schwer verständlich, weshalb der Streitfall vor die deutschen Arbeitsgerichte gebracht wurde. Wenn sich der Kläger durch eine Bemerkung des Beklagten als Privatperson verleumdet gefühlt hätte, hätte er doch die ordentlichen Gerichte anrufen müssen. Aber auch abgesehen davon bleibt die Tatsache bestehen, daß die gleiche Verordnung die Immunität der Organisation ebenso gewährt wie ihren Beamten. Die gegenständliche Verordnung transformiert zwar lediglich ein völkerrechtliches Protokoll, also Völkervertragsrecht, in deutsches Recht. Wichtig ist aber der Umstand, daß der Beschluß des BAG darauf hinweist, daß dieses Protokoll und diese Verordnung nichts anderes tun als eine allgemeine Regel des Völkergewohnheitsrechts wiederzugeben, die gemäß Artikel 25 GG in innerstaatliches Recht transformiert worden ist.

Was die Entscheidung des Amtsgerichts Bonn vom 23. 8. 1961[72] betrifft, ist *Schlüter*[73] beizupflichten, daß dieses Gericht den Umstand übersehen hat, daß die WEU in der Bundesrepublik Deutschland aufgrund der Verordnung vom 19. 6. 1959[74] in Verbindung mit der von *Schlüter* nicht zitierten Bekanntmachung[75] schon Immunität genoß, obwohl die Bundesrepublik in diesem Zeitpunkt noch nicht das Abkommen über die Immunitäten der WEU ratifiziert hatte. Es erscheint mir bezeichnend, daß das Gericht ausgehend von der irrigen Annahme, daß noch keinerlei innerstaatliche Regelung bestünde, die das Gericht zur Gewährung der Immunität an die WEU hätte verpflichten können, dieser dennoch Immunität einräumte und sich in sehr schlüssigen Erwägungen hierbei auf die funktionellen Notwendigkeiten der WEU stützte.

Auf Seite 42 bei Anmerkung 67 gibt *Bleckmann* zu, daß nach den meisten Immunitäts- und Sitzstaatsabkommen die Immunität der internationalen Organisationen von der nationalen Gerichtsbarkeit absolut ist, und daß die nationale Rechtsprechung diese Bestimmungen in diesem Sinn auslegt. Auf Seite 42, Text vor Anmerkung 69, führt *Bleckmann* als Gegenargument gegen diese Gewährung der Immunität die Tatsache an, daß die gleichen Abkommen für die internationalen Organisationen auch eine innerstaatliche Rechtspersönlichkeit begründen. *Bleckmann* wiederholt dieses Argument auf Seite 46 als Einwand gegen

[72] MDR 1962, S. 315.

[73] S. 176.

[74] BGBl. 1959 II, S. 704.

[75] BGBl. 1959 II, S. 1268.

den Versuch, aus der Existenz dieser großen Zahl einschlägiger Verträge auf das Bestehen einer diesbezüglichen Völkergewohnheitsrechtsregel zu schließen. Dieses Argument *Bleckmanns* ist mir nahezu unverständlich. Jede Organisation braucht eine innerstaatliche Rechtspersönlichkeit, insbesondere in ihrem Sitzstaat, wenn sie irgendwelche Rechte vor innerstaatlichen Gerichten geltend machen will. Natürlich unterwirft eine Organisation, die ein innerstaatliches Gericht anruft, sich für den gegenständlichen Fall der Gerichtsbarkeit dieses Gerichtes, und zwar auch für eine allfällige Widerklage. Dennoch hat diese Unterwerfung nichts mit der Immunität der Organisation als Beklagter zu tun. Selbst zu Zeiten, als den Staaten unzweifelhaft absolute Immunität gewährt worden war, sind diese von Zeit zu Zeit vor innerstaatlichen Gerichten als Kläger aufgetreten[76]. Das Bestehen einer Rechtspersönlichkeit nach innerstaatlichem Recht ist daher völlig mit der Gewährung der Immunität für eine Organisation oder für einen Staat vereinbar.

Bleckmann (S. 43) glaubt, daß eine vielfach in Abkommen über Privilegien und Immunitäten enthaltene Bestimmung deklaratorisch ein Völkergewohnheitsrecht auf Immunität nur zugunsten der primären Tätigkeiten internationaler Organisationen bestätigt. Es handelt sich um die Bestimmung, daß nur diejenigen Privilegien gewährt werden, die „zur Verwirklichung der Ziele der Organisation erforderlich sind"[77]. Wenn aber der soziale Friede innerhalb der Organisation nur durch die Einheitlichkeit der Arbeitsbedingungen gewahrt werden kann[78] und wenn diese ihrerseits nicht durch die Immunität der Organisation geschützt sind, dann könnte die Organisation auch ihre primären Tätigkeiten nicht mehr ausüben. Die Immunität der internationalen Organisationen gehört zum völkerrechtlichen Gewohnheitsrecht[79], denn sie erfüllt die Kriterien, die *Baxter*[80] laut *Bleckmann* (S. 43) für den Nachweis des Bestehens von Völkergewohnheitsrecht aus völkerrechtlichen Verträgen fordert: weltweite Kodifikationsverträge bezeichnen Regeln, die normalerweise in Abkommen über die Privilegien und Immunitäten internationaler Organisationen enthalten sind, als Bestandteil des Völkergewohnheitsrechts. So spricht Artikel 17 Absatz 2 der Wiener Konvention über konsularische Beziehungen[81] von Vorrechten und Immunitäten, die Staatenvertretern bei internationalen Organisationen „aufgrund des *Völkergewohnheitsrechts* zustehen" und Artikel 12 c

---

[76] USSR v. Belaiew (1925) 42 T.L.R. 21, Ann. Dig. 3, S. 172.

[77] z. B. Art. 105 Abs. 1 SVN.

[78] Siehe oben Anm. 20.

[79] Zustimmend *E. Lauterpacht*, RdC 152, S. 400 - 401.

[80] *Baxter*, Multilateral Treaties as Evidence of Customary International Law, BYIL 1965/66, S. 275, 299.

[81] BGBl. 1969 II, 1585.

des Protokolls über die Vorrechte und Befreiungen der Europäischen Gemeinschaften vom 8. 4. 1965[82] sieht vor, daß „den Beamten der Gemeinschaften, die den Beamten der internationalen Organisationen *üblicherweise* gewährten Erleichterungen auf dem Gebiet der Vorschriften des Währungs- und Devisenrechts zustehen".

Nach *Bleckmann* (S. 45) würden diese Verträge auch deshalb nicht deklaratorisch Völkergewohnheitsrecht wiedergeben, weil sie keine allen Interessen gerechtwerdende abwägende Regel enthielten. Durch die Gewährung der absoluten Immunität würden diese Verträge einseitig die Organisationen begünstigen. Nach *Bleckmann* könnten lediglich Verträge, die gemeinsame Interessen der Vertragspartner widerspiegeln, deklaratorisch Völkergewohnheitsrecht wiedergeben. Nun erhalten aber die Staaten durch die Einräumung der absoluten Immunität an eine Organisation entsprechende Vorteile, nämlich eine Garantie der Unparteilichkeit der Organisation und ihres ungehinderten Wirkens. Auch die Verträge, die den Organisationen absolute Immunität gewähren, sind daher ausgewogen.

In seiner Polemik gegen *Jenks* betont *Bleckmann* (S. 45) nochmals, daß eine einheitliche Gerichtsbarkeit keineswegs notwendig sei, um das gute Funktionieren der Organisation zu gewährleisten. Meiner Ansicht nach ist die Einheitlichkeit dieser Gerichtsbarkeit eine unabdingbare Voraussetzung für die Sicherung des Arbeitsfriedens innerhalb der Organisation, und zwar selbst dann, wenn es sich nicht um Entscheidungen in Disziplinarangelegenheiten handelt, die eine direkte Auswirkung auf die primäre Tätigkeit der Organisation haben könnten. Anders als *Bleckmann* (S. 45) glaube ich, daß auch eine unterschiedliche Rechtsprechung zum Beispiel hinsichtlich des Mutterschaftsurlaubs den Arbeitsfrieden gefährden würde. Ohne die völlige Einheitlichkeit und Internationalisierung dieser Gerichtsbarkeit wären alle Dämme beseitigt, die die Mitgliedstaaten hindern könnten, durch ihre Gerichte auf die Beamten der Organisation jede Art von Druck auszuüben. Wie würde ein nationales Gericht entscheiden, falls der Beamte einer im Gerichtsstaat mißliebig gewordenen Gruppe angehört oder einer Minderheit, deren Angehörige zum Ausgleich früheren Unrechts trotz minderer Eignung bevorzugt befördert werden sollen?

Die Gewährung einer absoluten Immunität erscheint *Bleckmann* unvereinbar mit der Souveränität des Gerichtsstaates und mit dem Ideal des Rechtsstaates. Überdies sei eine solche Immunität gar nicht erforderlich, da die Staaten ihrerseits sehr wohl mit einer auf ihre jure imperii Akte beschränkte Immunität leben können (S. 47) (vergleiche jedoch meine Erwägungen unten S. 51).

[82] BGBl. 1965 II, 1482.

Bleckmann (S. 47) fürchtet überdies, daß die Mitgliedstaaten einer Organisation sich hinter der von ihnen der Organisation gewährten absoluten Immunität verschanzen könnten, um auf diese Weise Akte ihrer eigenen Organe im Rahmen der Organisation der Kontrolle der innerstaatlichen Gerichte zu entziehen. Diese Befürchtung hat zunächst einmal nichts mit dem Gegenstand des Gutachtens von *Bleckmann* zu tun. Sie ist überdies auch nicht begründet, da die Handlungen der Vertreter der Bundesrepublik Deutschland im Rahmen internationaler Organisationen selbstverständlich sowohl einer deutschen parlamentarischen Kontrolle als gegebenenfalls auch der Kontrolle deutscher Gerichte unterliegen. *Bleckmann* trägt dem Umstand nicht Rechnung, daß zum Beispiel Artikel 15 des Übereinkommens über die Vorrechte und Immunitäten der Vereinten Nationen[83] vorsieht, daß die darin den Staatenvertretern eingeräumten Vorrechte und Immunitäten nicht auf das Verhältnis eines Vertreters zu den Behörden des Staates anwendbar sind, dessen Angehöriger er ist oder dessen Vertreter er ist oder war.

Bleckmann lehnt aus den von ihm angeführten Gründen die absolute Immunität internationaler Organisationen ab. Er sieht nur Ansätze zur Entwicklung eines neuen Völkergewohnheitsrechts (S. 47), das den Organisationen Immunität nur für ihre Akte jure imperii gewähren würde. Wir wollen in diesem Zusammenhang zunächst einmal lediglich festhalten, daß das Band, das einen Beamten an seinen Staat bindet, überall als ein jure imperii begründetes Verhältnis gewertet wird, und daß überdies die deutschen Gerichte ratione materiae unzuständig wären, eine Gerichtsbarkeit zum Beispiel über das Band auszuüben, das einen französischen Beamten an Frankreich bindet.

Bleckmann (S. 57) möchte die Immunität einer internationalen Organisation von der innerstaatlichen Gerichtsbarkeit nur insoweit gewähren, als dies zur Sicherung des guten Funktionierens der Organisation nötig sei. Aus dieser Forderung ergibt sich aber meiner Ansicht nach keineswegs, daß deshalb die Organisation alle ihre jure gestionis Akte der Gerichtsbarkeit innerstaatlicher Gerichte unterstellen müsse. Die Rechtslage der internationalen Organisationen wird insoweit durch den Umstand bestimmt, dessen Bestehen auch von *Bleckmann* (S. 78) anerkannt wird, daß alle Zuständigkeiten internationaler Organisationen jeweils auf die Erreichung ihrer Ziele begrenzt sind. Während also die Staaten jure gestionis wie jeder private Händler agieren können, muß jede Tätigkeit einer internationalen Organisation, auch ihre Akte jure gestionis, stets in engster Verbindung mit den Zielen der Organisation stehen. Es ist daher nicht nur gerechtfertigt, sondern sogar not-

[83] BGBl. 1980 II, 943.

wendig, ihnen auch für diese Akte eine funktionelle Immunität zu gewähren.

Bleckmann (S. 52, 58) möchte offenbar eine Diskussion über diese Folgerungen vermeiden, die ich aus der funktionellen Beschränkung der Völkerrechtspersönlichkeit der internationalen Organisationen ziehe. Symptomatisch hierfür ist, daß er dort, wo er Stellen meines Lehrbuchs über die Immunität internationaler Organisationen in seinen Anmerkungen 96 und 99 zitiert, keine Seitenangaben bringt. Meine eigenen diesbezüglichen Ansichten werden von der vorherrschenden Lehrmeinung geteilt. Als jüngsten diesbezüglichen Beweis verweise ich auf den Beitrag des Leiters des Völkerrechtsbüros des österreichischen Bundesministeriums für Auswärtige Angelegenheiten *Herndl* in der Festschrift für *Alfred Verdross*[84].

Auf Seite 42, vorletzter Absatz, hat *Bleckmann* zugegeben, daß die innerstaatlichen Gerichte den internaionalen Organisationen Immunität auch für ihre privatrechtlichen Streitigkeiten gewähren und zitiert hierzu eine Entscheidung des französischen Kassationsgerichtshofes[85]. Dennoch vertritt er auf Seite 47, dritter Absatz, eine gegenteilige Auffassung.

Der Unterschied zwischen privatrechtlichen Streitigkeiten und solchen aus schlicht hoheitlichen oder hoheitlichen Rechtsverhältnissen mag z. B. im französischen und deutschen Recht sinnvoll sein, nicht aber im Recht der internationalen Organisationen. Hier kann es sich nur darum handeln, ob die Akte funktionell der (Primär- oder Sekundär-)tätigkeit der Organisation zuzurechnen (vgl. oben S. 31 und 35*) oder hiervon abtrennbar sind (z. B. Beleidigung eines Benutzers durch einen Beamten). Das entspricht im Ergebnis der Haltung aller hiermit befaßten innerstaatlichen Gerichte (siehe oben S. 46 f.). Hier ebenso wie überall sonst in seinem Gutachten begeht *Bleckmann* den Fehler, Begriffskategorien des Rechts der internationalen Organisationen im Lichte von Begriffen des deutschen innerstaatlichen Rechts zu analysieren.

Bleckmann (S. 49) bestreitet, daß die internationalen Organisationen Souveränität besitzen könnten. Er gibt dennoch zu, daß die Organisationen nicht dem Willen eines einzelnen Staates unterstellt sind. Sie besäßen aber dennoch keine Souveränität, da die Organisationen nicht völkerrechtsunmittelbar seien. Es sei nicht Sache des Gerichtsstaates,

---

84 *Herndl*, Zur Problematik der Gerichtsbarkeit über fremde Staaten, in Jus Humanitatis, Festschrift für Alfred Verdross zum 90. Geburtstag (1980), S. 443.

85 Cour de Cassation 6. 7. 1954, Procureur Général près de la Cour de Cassation c. Société Immobilière Alfred Dehodencq, ILR 21, S. 279, Clunet 1956, S. 136.

jeweils einen besonderen Völkerrechtstitel nachzuweisen, damit seine Gerichte Gerichtsbarkeit über einen fremden Staat ausüben könnten. Alles Handeln eines ausländischen Staates im Gerichtsstaat sei nach dem Grundsatz der Handlungsfreiheit der Staaten der territorialen Souveränität des Gerichtsstaates unterstellt. Wir wollen hier nur nebenbei nochmals daran erinnern, daß ein Staat, der außerhalb seines Gebietes Handlungen setzt, auch versucht sein könnte, sich hierzu auf seine eigene Handlungsfreiheit zu berufen[86]. Wichtiger ist wohl die Analyse der Rechtslage internationaler Organisationen in den Gebieten ihrer Mitgliedstaaten. Wenn ein Staat Mitglied einer Organisation wird, verzichtet er auf die Ausübung eines Teiles seiner souveränen Rechte, und zwar insoweit, als er sich durch die Übernahme der Verpflichtungen gebunden betrachtet, die sich für ihn aus seinem Beitritt zur Organisation ergeben. Der betreffende Mitgliedstaat überträgt diese Hoheitsrechte dennoch nicht auf die Organisation, trotz des Wortlauts des Artikels 24 GG. Der betreffende Staat läßt seine souveränen Rechte insoweit ruhen, er könnte sie aber jederzeit auch allein wiederum ausüben, allerdings um den Preis einer Verletzung des Vertrages über die Gründung der Organisation. In dem Vakuum, das durch diesen zeitweiligen Verzicht der Mitgliedstaaten auf Ausübung eines Teils ihrer souveränen Rechte geschaffen wurde, übt die Organisation ihre eigenen souveränen Rechte aus, die sowohl originär als auch vom Willen der Mitgliedstaaten abgeleitet sind. Sie sind originär, weil sie nicht aus Bruchstücken der staatlichen Souveränität der Mitgliedstaaten zusammengesetzt sind. Sie sind dennoch vom Willen der Mitgliedstaaten abgeleitet, nämlich dem Vertrag über die Gründung der Organisation und den daraus sich ergebenden Pflichten treu bleiben zu wollen[87]. Die Tätigkeit einer Organisation auf dem Gebiet ihrer Mitgliedstaaten stellt daher eine Ausübung originärer Rechte dieser Organisation dar. Die Mitgliedstaaten nehmen diese Tätigkeit aufgrund der Tatsache hin, daß sie die Organisation errichtet haben und sie von jedem Einfluß eines dieser Staaten und seiner Gerichte auf das unparteiische Funktionieren der Organisation freistellen wollen.

Nach *Bleckmann* (S. 50) kann die Immunität einer Organisation in dienstrechtlichen Angelegenheiten nicht aus dem Umstand gefolgert werden, daß die Organisationen ein souveränes Recht haben, ihre Beziehungen mit ihren Beamten zu regeln. Als Gegenargument verweist *Bleckmann* darauf, daß im innerstaatlichen Recht die Gemeinden und Anstalten ebenfalls Hoheitsgewalt in diesem Sinne ausüben, aber dennoch nicht in den Genuß der Immunität kommen. In Fußnote 90, die

---

[86] Siehe oben Anm. 2.

[87] *Seidl-Hohenveldern,* Das Recht der Internationalen Organisationen einschließlich der Supranationalen Gemeinschaften (3. Aufl. 1979), S. 5, 37 - 39.

diese Feststellung begleitet, stellt *Bleckmann* aber mit Recht fest, daß das Recht staatlicher Untergliederungen auf Immunität eine sehr umstrittene Frage ist. Diese Aussage scheint mir besser den Stand der Meinung und der Praxis[88] wiederzugeben.

Laut *Bleckmann* (S. 57) ist zur Sicherung der Tätigkeit einer Organisation nur erforderlich, daß deren primäre Tätigkeiten durch Immunität geschützt sind. Die Organisation könnte sehr gut arbeiten, selbst wenn ihre Bediensteten deren jeweiligem Heimatrecht und innerstaatlichen Gerichten unterworfen wären. *Bleckmann* verkennt auf diese Weise die Wichtigkeit eines sozialen Friedens innerhalb einer Organisation und vernachlässigt die wirklich allgemeine Praxis, die den internationalen Organisationen auch für ihre dienstrechtlichen Streitigkeiten Immunität gewährt. *Bleckmann* (S. 56) beruft sich darauf, daß auch die Richter an innerstaatlichen Gerichten hinsichtlich ihres Beamtenstatus dem innerstaatlichen Recht unterstehen und daß dennoch niemand deshalb deren Unparteilichkeit bezweifelt. Ihm ist darauf zu entgegnen, daß diese Richter zwar in dem betreffenden Staat als unabhängig angesehen werden, daß aber für die anderen Mitgliedstaaten einer internationalen Organisation die Unparteilichkeit nationaler Gerichte dennoch zweifelhaft sein könnte. *Bleckmann* (S. 56) erwidert darauf, daß das Verwaltungsgericht der ILO gegenüber Eurocontrol ja auch Dritter sei — aber hier handelt es sich doch um einen Dritten, der gerade wegen der daraus sich ergebenden Unparteilichkeit freiwillig von allen Mitgliedstaaten der Eurocontrol als Gerichtsinstanz erwählt wurde.

Bleckmann (S. 57, erster Absatz) wiederholt nochmals, daß die Funktionsfähigkeit einer internationalen Organisation keineswegs fordere, auch ihre Personalhoheit durch Immunität zu schützen. Es erscheine ausreichend, diesen Schutz nur den primären Tätigkeiten der Organisation zu gewähren. *Bleckmann* vertritt diese These durchgehend in seinem Gutachten an vielen Stellen. Sie steht aber dennoch im Widerspruch mit der Praxis aller internationalen Organisationen[89]. Auf Seite 57 Absatz 3 vertritt *Bleckmann* die Ansicht, daß es in dem seinem Gutachten zugrunde liegenden Fall gar kein Risiko verschiedener Auslegungen des Dienstrechtes geben könne, da alle Bediensteten der Eurocontrol in Karlsruhe seiner Ansicht nach dem Recht der Bundesrepublik Deutschland unterworfen wären. Es gibt aber auch Bedienstete der Eurocontrol in anderen Mitgliedstaaten.

---

88 Vgl. einerseits Trib. Civ. Seine 2. 3. 1948 Dumont v. State of Amazonas, ILR 15, S. 130, andererseits Sullivan v. State of Sao Paulo and Same v. State of Rio Grande do Sul, 122 F. 2 d 355 (2nd Circ. 1941), ILR 10, S. 178.

89 IGH 11. 4. 1949, ICJ Reports 1949, S. 183.

Bleckmann (S. 57) muß zugeben, daß die Zuständigkeit nationaler Gerichte unweigerlich die Einheitlichkeit des Beamtenstatuts durch widersprüchliche Urteile durchlöchern würde. Er muß daher vorschlagen, den Arbeitsfrieden der Organisation dadurch zu wahren, daß man die Organisation verpflichte, jeweils die für ihre Bediensteten günstigste Entscheidung innerstaatlicher Gerichte für alle ihre Bediensteten anzuwenden. Diese Ausführungen *Bleckmanns* zeigen die völlige Unrealisierbarkeit seines Vorschlages. Wo bliebe dabei die Rechtskraft der anderen gegen die Organisation ergangenen Urteile und wer würde darüber entscheiden, welche Lösung nun eigentlich die für das Personal günstigste sei.

Nehmen wir einmal an, daß die Bediensteten von Eurocontrol vor den Gerichten der Mitgliedstaaten A, B und C wegen einer von ihnen behaupteten zu geringen Überstundenentschädigung Klage führen würden. Wenn die Gerichte in A den Bediensteten eine Erhöhung der Überstundensätze um 5 % und die Gerichte in B eine Erhöhung um 10 % zusprechen würden, wäre die Lösung einfach, wenn die Organisation die Mittel finden würde, um die Überstundenentschädigung für alle ihre Bediensteten um 10 % zu erhöhen. Was würde aber geschehen, wenn die Gerichte in C jede Erhöhung der Überstundensätze verweigern würden, den Bediensteten aber sechs zusätzliche Freischichten für die gegenständlichen Überstunden gewähren würden?

Nach *Bleckmann* (S. 57) müßte der Gedanke, daß die dienstrechtlichen Beziehungen einer Organisation zu ihren Bediensteten einem einheitlichen Recht unterstehen, logischerweise dazu führen, daß auch alle privatrechtlichen Beziehungen internationaler Organisationen mit Dritten von der Rechtsprechung innerstaatlicher Gerichte freigestellt werden. Nun können aber Streitigkeiten aus solchen Privatrechtsverhältnissen die Funktionsfähigkeit der Organisation keineswegs in gleichem Maße beeinflussen, wie dienstrechtliche Streitigkeiten. Überdies kann eine internationale Organisation auch ihre privatrechtlichen Beziehungen dem Völkerrecht unterstellen. Dieses Recht ist den internationalen Organisationen in einer Resolution des Institut de Droit International vor kurzem ausdrücklich zugebilligt worden[90]. Auf Seite 57 unter 4) spricht *Bleckmann* wieder von der Rolle der Organisation als Kläger vor innerstaatlichen Gerichten. Diese Rolle steht in keinem Zusammenhang mit der Rechtsfrage, ob der Organisation als Beklagter Immunität zu gewähren ist.

Laut *Bleckmann* (S. 57 unter 5) sollte das Völkerrecht der Funktionsfähigkeit internationaler Organisationen keine größere Bedeutung beimessen als der Funktionsfähigkeit der Staaten. Die Staaten aber müß-

---

[90] Ann. IDI 57 II (1977), S. 297 und 332.

ten sich heute mit einer Immunität für ihre Akte jure imperii begnügen. Ich habe schon weiter oben (oben S. 51) darauf hingewiesen, warum internationale Organisationen in dieser Beziehung anders als Staaten behandelt werden müssen. Aber selbst wenn man der hier geschilderten Ansicht *Bleckmanns* folgen wollte, wären die dienstrechtlichen Beziehungen zwischen einer Organisation und ihren Bediensteten durch die Immunität gedeckt, denn es handelt sich hierbei um Akte jure imperii.

Bleckmann (S. 58) weist den Gedanken zurück, daß Rechtssätze, die seiner Ansicht nach erst Ansätze zu einem völkergewohnheitsrechtlichen Recht auf Immunität darstellen, aufgrund des Artikels 25 GG in innerdeutsches Recht transformiert werden könnten (vgl. oben S. 43). *Bleckmann* beruft sich hierbei in seiner Fußnote 109 auf *Zuleeg*, dessen darin zitierter Aufsatz aber andere Probleme behandelt.

Bleckmann (S. 58, 2. Abs.) betont, daß seiner Ansicht nach Artikel 25 GG nur solche Regeln des Völkergewohnheitsrechtes in innerstaatliches deutsches Recht transformiere, die sich in der Völkerrechtsordnung vollkommen durchgesetzt hätten. Hier bezieht er sich auf eine Fußnote 110, die in meinem Exemplar seines Gutachtens fehlt. Das Bundesverfassungsgericht[91] hat die Immunität ausländischer Staaten auf deren Akte jure imperii beschränkt, ohne die eingehenden Überlegungen anzustellen, die *Bleckmann* (S. 65) anführt, um diese Entscheidung mit der Tatsache in Einklang zu bringen, daß sozialistische Staaten weiterhin an der Theorie der absoluten Immunität der Staaten festhalten.

D. Die Konkretisierung der außervertraglichen Immunität

Leitgedanken *Bleckmanns*

Bleckmann geht auch in diesem Kapitel von der von ihm grundsätzlich abgelehnten Ananhme aus, daß die Ziffer 5 des Zeichnungsprotokolls kein Hindernis darstelle, dienstrechtliche Klagen gegen Eurocontrol der Gerichtsbarkeit der innerstaatlichen Gerichte zu entziehen. Im Kapitel C war *Bleckmann* dafür eingetreten, die Immunität der Organisationen an diejenige der Staaten anzugleichen. Wenn man nun aber wie *Bleckmann* (S. 50) und ich der Ansicht ist, daß die Beziehungen zwischen einer Organisation und ihren Beamten hoheitlicher Art sind (vgl. unten S. 63), dann müßte ein Tätigwerden der Organisation

[91] Siehe oben Anm. 35.

auf diesem Gebiet eigentlich den Akten jure imperii zugezählt werden. *Bleckmann* schließt dieses Resultat nunmehr durch die Entdeckung einer Grauzone aus, die bisher niemand (S. 63) mit Immunitätsfragen in Zusammenhang gebracht habe. Wenn das Völkerrecht einem ausländischen Staat Immunität für seine Privathandlungen verweigere, so folgt daraus nach *Bleckmann* keineswegs, daß deshalb dieser Staat a contrario Immunität für alle seine hoheitlichen Handlungen genieße. Hier will *Bleckmann* einen Unterschied zwischen Hoheitsakten und Handeln im Bereich der schlichthoheitlichen Verwaltung ziehen. In diesem letzteren Bereich handelt die Verwaltung nicht in einem Subordinationsverhältnis. Sie handelt mit den Betroffenen vielmehr auf Basis der Gleichheit, wenn auch im öffentlichen Interesse. Es sei aber nicht zu leugnen, daß die Abgrenzung zwischen Akten jure imperii und Akten jure gestionis nach der Natur des Aktes und nicht nach den Zielen und Interessen zu ziehen ist, die zu der betreffenden Handlung geführt haben (S. 63). Die Rechtsprechung der internationalen Verwaltungsgerichte spalte das an sich einheitliche Beamtenverhältnis in einen vertraglich und in einen gesetzlich geregelten Teil auf. Diesen vertraglichen Teil des Beamtenverhältnisses könne man dabei nicht als öffentlich-rechtlichen Vertrag qualifizieren, „weil dieses Rechtsinstitut nur im deutschen und französischen Verwaltungsrecht sowie im EWG-Recht bekannt sei" (S. 68). *Bleckmann* sieht daher die Dienstverträge der Eurocontrol-Beamten als einfache privatrechtliche Arbeitsverträge an. Überdies seien nach *Bleckmann* (S. 73 Anm. 139) alle die Entscheidungen, gegen die sich die Klagen vor internationalen Verwaltungsgerichten richten, keine Verwaltungsakte, sondern nur „décisions préalables". Da diese Akte keine Verwaltungsakte seien, könnten sie auch nicht als acta jure imperii angesehen werden. Nach der von ihm eingangs bereits entwickelten Ansicht, daß die Nichtgewährung von Immunität für acta jure gestionis keine Ausnahme von der Völkerrechtsregel von der absoluten Immunität ausländischer Staaten darstelle, müßten zweifelhafte Fälle nicht zugunsten der Immunität, sondern zugunsten der innerstaatlichen Gerichtsbarkeit entschieden werden (S. 65).

Grundsätzliche eigene Stellungnahme

Zunächst sei nochmals betont, daß unserer Ansicht nach internationale Organisationen eine funktionale Immunität genießen, die auch ihre Privathandlungen erfaßt. Das gesamte Kapitel D zielt daher ins Leere.

Selbst wenn man aber *Bleckmann* insoweit folgen wollte, daß internationale Organisationen lediglich eine Immunität für ihre acta jure imperii genießen würden, dann müßte immer noch alles nichtprivate

Handeln der Organisation durch ihre Immunität abgesichert sein. Es ist gewiß kein Zufall, daß die gesamte Völkerrechtslehre bis auf *Bleckmann* (S. 63) insoweit einen Unterschied zwischen Hoheitsakten und/ oder Verwaltungsakten einerseits und schlichthoheitlichem Handeln andererseits nicht kennt. Diese Haltung erklärt sich leicht dadurch, daß man Finessen des französischen oder deutschen Verwaltungsrechts (siehe dazu unten S. 60) nicht einfach in das Völkerrecht übertragen kann, insbesondere nicht auf die Rechtsstellung der Eurocontrol, der ja u. a. auch das Vereinigte Königreich und Irland angehören, denen diese Begriffe fremd sind. *Bleckmann* argumentiert übrigens selbst in gleicher Weise, wenn er (S. 68) die Anwendung der Lehre vom öffentlich-rechtlichen Vertrag auf diese Dienstverträge ausschließen will.

Was immer nun auch *Bleckmann* sagt, die internationale Praxis weigert sich, in den Dienstverträgen internationaler Beamter bloße privatrechtliche Verträge zu sehen (siehe oben S. 34). Wenn auch die internationalen Verwaltungsgerichte das Dienstverhältnis eines Beamten zu seiner Organisation in einen statutarischen und einen vertraglichen Teil aufspalten, so üben sie doch ihre Gerichtsbarkeit über diese beiden Teile des Vertragsverhältnisses aus, ohne jede Konkurrenz oder Einmischung innerstaatlicher Gerichte in den vertraglichen Teil dieses Dienstverhältnisses.[92] *Bleckmann* begeht hier wieder den Fehler, diese Begriffe vom deutschen Recht aus zu sehen. Im Recht der internationalen Beamten stellt diese Zweiteilung einen Schutz des Beamten dar. Die internationalen Verwaltungsgerichte vertreten die Ansicht, daß die Organisation *einseitig* gewisse Bestimmungen des Personalstatuts ändern kann. Bei anderen Änderungen dieser Statuten müssen aber unter richterlicher Kontrolle bestimmte statutarische Rechte gewahrt bleiben, die für den Beamten mit seiner Anstellung wohlerworbene Rechte darstellen.

In seiner Entscheidung Lindsey vom 4. 9. 1962 (siehe unten S. 93) hat das Verwaltungsgericht der ILO entschieden, daß das Beamtenstatut nur unter der Bedingung geändert werden kann, daß „die Grundbedingungen nicht geändert werden, die den Beamten dazu bewogen hätten, in den Dienst der Organisation zu treten". Mit anderen Worten, die internationalen Gerichte wollen hier durch ihre Rechtsprechung das Recht der Organisation zur einseitigen Abänderung der Dienstverträge einschränken. Die Entscheidungen der Organisationen in Dienstrechtsangelegenheiten werden ohne jeden Zweifel einseitig getroffen. Das Personalstatut der Eurocontrol folgt insoweit völlig demjenigen der Europäischen Gemeinschaften. Alle Akte, die die

---

[92] *Plantey*, Droit et Pratique de la Fonction Publique Internationale (1977) S. 83 ff. und 89 ff. unter Berufung auf die Entscheidung des Verwaltungsgerichts der UN Nr. 67 vom 10. 12. 1956, Harris, AFDI 1957, S. 241.

Laufbahn des Beamten betreffen, wie Ernennung, Gewährung der Unkündbarkeit, Versetzung, Beförderung, Abstellung, Pensionierung, Disziplinarmaßnahmen usw. werden dort einseitig getroffen.

Bleckmanns Unterscheidung zwischen primären und sekundären Tätigkeiten einer Organisation hat keinerlei Auswirkung auf das Dienstverhältnis der Beamten und die Immunität dieses Verhältnisses von der nationalen Gerichtsbarkeit. Bestimmte Organisationen, deren Primärtätigkeit lediglich die Erfüllung von Sekretariatsaufgaben darstellt, besitzen dennoch Immunität von der Gerichtsbarkeit. Das gleiche gilt für Organisationen, deren Primärtätigkeit hauptsächlich die Wahrnehmung von Verwaltungsaufgaben und die Forschung ist. Auch die Dienstverhältnisse der Beamten solcher Organisationen unterstehen nicht der innerstaatlichen Gerichtsbarkeit. Zum Beweis sei bloß auf die Liste der Organisationen verwiesen, die insoweit die ausschließliche Gerichtsbarkeit des Verwaltungsgerichts der ILO anerkannt haben. Diese Immunität hat nichts mit Primär- ouer Sekundärtätigkeit zu tun. Sie ergibt sich vielmehr, wie oben ausgeführt (S. 41), aus dem Grundsatz der Staatengleichheit, der Einheitlichkeit des Dienstverhältnisses usw.

Überdies gehört Eurocontrol aber gerade zu denjenigen Organisationen, deren Primärtätigkeit hoheitlicher Art ist: Den Benutzern Weisungen über die einzuschlagende Flugroute zu geben, Gebühren öffentlich-rechtlichen Charakters einzuheben usw. Der hoheitliche Charakter dieser Rechte ist durch höchstrichterliche Rechtsprechung anerkannt (vgl. oben S. 31).

Die „Interpretation", die *Bleckmann* dem Artikel 92 des Personalstatuts gibt, steht mit dessen Text völlig in Widerspruch. Dieser spricht eben von „décisions" und nicht von „décisions préalables". Das Verwaltungsgericht der ILO macht sehr wohl einen Unterschied zwischen dem Begriff der décision, z. B. in seinem Urteil Nr. 221[93], und demjenigen der „décision préalable"[94].

Es besteht kein Zweifel darüber, daß die einseitig getroffenen dienstrechtlichen Entscheidungen der Verwaltung der Organisation sofort vollstreckbar sind, was ihnen eben den Charakter hoheitlicher Rechte auch nach *Bleckmann* (S. 50) verleiht. Man muß nur den Wortlaut des Artikel 93 des Personalstatuts lesen, um zu verstehen, daß dem Beamten das Recht eingeräumt wird, das Gericht gegen die oben erwähnte einseitige und vollstreckbare Entscheidung anzurufen.

Bevor aber der Beamte das Gericht anrufen kann, muß ein Vorverfahren durchgeführt werden. Dieses besteht darin, daß er eine Be-

[93] 22. 10. 1973, Ozorio, AFDI 1973, S. 432, *Plantey*, S. 435.

[94] No. 116 18. 3. 1968, Kirkbir., AFDI 1968, S. 313, *Plantey*, S. 436.

schwerde gegen diese Entscheidung vorbringen muß. Ziel dieses Vorverfahrens ist es, die Parteien zu einer Klarstellung ihrer Gründe zu bewegen. Es handelt sich im Ansatz um eine Art Vergleichsverfahren. Wir weisen darauf hin, daß der Artikel 93 des Personalstatuts nicht von „décisions préalables“ spricht, wie *Bleckmann* zu glauben scheint, sondern von „réclamations préalables“. Schon dieser Umstand zeigt, daß es sich hier um einen Schritt in einem Vorverfahren handelt. Wenn der Beamte vor dem Verwaltungsgericht gewinnen sollte, dann annuliert dieses Gericht die vollstreckbare Entscheidung, die den Beamten beschwert hat, und nicht die abschlägige Antwort der Verwaltung der Organisation auf die réclamation (Vorstellung) des Beamten im Vorverfahren.

Diese Klarstellungen widerlegen die Ansicht *Bleckmanns*, daß die Entscheidungen in Dienstrechtsangelegenheiten keine Akte jure imperii seien. Wir wollen schließlich noch ganz kurz darauf hinweisen, obwohl dies entgegen der Ansicht *Bleckmanns* für unseren Fall von keinerlei Bedeutung ist, daß auch im französischen Verwaltungsrecht, wenn auch auf Umwegen, die décision préalable ebenfalls ein verfahrensrechtlicher Schritt zur Ermöglichung eines Vergleiches ist. Die décision préalable ist im französischen Recht immer dann notwendig, wenn der dem Betroffenen zugefügte Schaden nicht das Ergebnis eines Verwaltungsaktes, sondern einer von der Verwaltung verursachten Tatsache ist (z. B. wenn das Verwaltungsgebäude bei seinem Einsturz den Garten eines Privaten zerstört). Das Gesetz kann die Einholung einer décision préalable aber auch fordern, bevor Verwaltungsklage gegen einen vollstreckbaren Verwaltungsakt erhoben werden kann, z. B. im Steuerrecht gegen einen „état exécutoire“ oder bei der Verhängung eines Zwangsgeldes, also bei Maßnahmen, deren hoheitlicher Charakter von niemandem betritten wird[95]. Es ist daher völlig irrig, wenn *Bleckmann* schreibt, daß im französischen Recht es nur dann zu einer décision préalable komme, wenn keine endgültige hoheitliche Entscheidung vorliege. Wie *Waline*[96] klarstellt, hängt im französischen Recht die Pflicht zur Einholung einer décision préalable in keiner Weise davon ab, ob das Verwaltungshandeln hoheitlichen Charakter hatte oder nicht. Sie stellt vielmehr in einer großen Zahl von Fällen die Einleitungsstufe des Verwaltungsstreitverfahrens dar.

Bleckmann beruft sich also vergeblich auf Feinheiten des französischen Rechts, die aber selbst dann, wenn seine Wertung des französischen Rechts zutreffend wäre, aus den oben (S. 58) angeführten Grün-

[95] So der Senatspräsident des Conseil d'Etat *Odent*, Contentieux Administra tif (1970/71), S. 745 - 746 und 747 Anm. 1.

[96] *Waline*, Traité élémentaire de droit administratif (6. Aufl. 1950), S. 100 bis 103.

den für das Dienstrecht internationaler Organisationen unmaßgeblich wären.

Bleckmanns Theorie über das Ausnahme-Regelverhältnis hinsichtlich der Immunität wird von der International Law Commission der Vereinten Nationen[97] und von der Praxis nicht geteilt, insbesondere nicht durch die neuesten Kodifikationen[98] in Großbritannien, in den Vereinigten Staaten und des Europarates. Diese Kodifikationen gehen vom Grundsatz des Bestehens einer absoluten Immunität eines ausländischen Staates aus und schränken diesen Grundsatz sodann durch eine Liste von Ausnahmen ein[99]. *Bleckmann* selbst (S. 62, Anm. 117) gibt zu, daß der britische Act nach dieser Methode vorgeht.

Einzelbemerkungen

Bleckmann (S. 61, Abs. 4) wendet sich gegen die Theorie, die jede staatliche Beziehungen nicht privatrechtlicher Art als ein durch die Immunität geschütztes öffentlich-rechtliches Verhältnis ansieht. Diese Theorie sei abzulehnen, da es unmöglich sei, eine Trennlinie zwischen Privatrecht und öffentlichem Recht zu ziehen. Diese Unterscheidung sei insbesondere dem anglo-amerikanischen Recht unbekannt. Im nächsten Absatz versichert *Bleckmann* jedoch, daß folgender Rechtssatz „mit Sicherheit dem heutigen Völkerrecht" entspreche: Die Immunität scheide aus, wenn ein Rechtsverhältnis als privatrechtliches Rechtsverhältnis zu qualifizieren sei. *Bleckmann* wendet hier also genau die Qualifikation an, die er im vorhergehenden Absatz abgelehnt hatte.

Während *Bleckmann* auf Seite 50 mit Recht der Auffassung ist, daß jede internationale Organisation Hoheitsgewalt gegenüber ihren eigenen Beamten ausübt, entdeckt er nun die Grauzone der schlicht hoheitlichen Akte, die durch die Immunität nicht gedeckt seien. Nach *Bleckmann* (S. 65) könne es niemals Immunität für privatrechtliche Akte geben (vgl. aber unsere Bemerkungen oben S. 51). Immunität könne nur für solche öffentlich-rechtliche Akte gewährt werden, die Hoheitsakte darstellen, nicht aber für schlicht hoheitliches Handeln. Die Abgrenzung zwischen diesen beiden Kategorien öffentlich-rechtlicher

---

[97] Vgl. die Entstehungsgeschichte des Art. 2 der Erklärung über die Rechte und Pflichten der Staaten, Yearbook ILC 1949, S. 287, zustimmend *Herndl*, S. 425.

[98] Section 1 des britischen State Immunity Act, ILM 17 (1978), S. 1123; Section 1604 und 1609 des (US) Foreign Sovereign Immunities Act, ILM 15 (1976), S. 1388; Artikel 15 der Europaratskonvention, European Yearbook 20 (1972), S. 299 ff., österr. BGBl. Nr. 432/1976.

[99] *O'Connell*, ILA, State Immunity Law and Practice in the United States and Europe, Proceedings of the Conference held on November 17, 1978, S. 15.

Handlungen soll nach *Bleckmann* (S. 65 und 66) nach deutschem Recht erfolgen, wohingegen *Bleckmann* (S. 61) einen Rückgriff auf nationales Recht nur zur Lückenfüllung zulassen will.

Nach *Bleckmann* (S. 67 - 68) erfolgen Entscheidungen in Angelegenheiten, die im Anstellungsvertrag und nicht im Personalstatut geregelt sind, nicht aufgrund der Hoheitsgewalt der Organisation über ihre Bediensteten. Die im Personalstatut nicht geregelten Angelegenheiten seien privatrechtlicher Art und daher nicht durch die Immunität gedeckt. Wenn diese Behauptung Bleckmanns zutreffen würde, dann wäre das Verwaltungsgericht der ILO für die gegenständlichen Streitfälle dennoch zuständig, da die Bediensteten die Zuständigkeit dieses Gerichts im Anstellungsvertrag anerkannt haben (vgl. *Bleckmann* S. 68). Diese Vertragsbestimmung entspricht einer Schiedsvereinbarung oder einer Vereinbarung über einen ausländischen Gerichtsstand und die Unterwerfung unter ein ausländisches Recht. Hierzu ist noch darauf hinzuweisen, daß die Entscheidung des italienischen Kassationsgerichtshofs vom 27. 5. 1955 in Sachen Maida[100] klargestellt hat, daß das Verbot des italienischen Rechtes, in arbeitsrechtlichen Streitigkeiten Schiedsvereinbarungen abzuschließen (das auch nach deutschem Recht besteht), sich nicht auf Schiedsvereinbarungen bezieht, die in Anstellungsverträgen mit internationalen Organisationen enthalten sind.

Bleckmann (S. 68) möchte den hoheitlichen Charakter des Dienstverhältnisses zur Organisation leugnen. Die Unterwerfung des Bediensteten unter einseitige generelle und individuelle Hoheitsakte der Verwaltung sei eine im Dienstvertrag festgelegte antizipierte Zustimmung zu einer späteren einseitigen Änderung oder Konkretisierung des Arbeitsverhältnisses. Wie oben erwähnt, würde diese vertragliche Zustimmung dazu führen, daß durch Annahme des Artikels 93 des Personalstatuts der Beamte antizipierend seine Zustimmung zur Begründung der ausschließlichen Gerichtsbarkeit des Verwaltungsgerichts der ILO gibt.

Auf Seite 69 - 70 will *Bleckmann* die Anwendung des Artikel 24 GG auf den vorliegenden Fall ausschließen. Dieser Artikel betreffe nur die Europäischen Gemeinschaften. Nun wurde aber das GG 1949 vor der Errichtung der ersten supranationalen Gemeinschaft beschlossen. Sowohl aus der Wahl der Worte „zwischenstaatliche Einrichtungen" als auch aus der Entstehungsgeschichte des Artikels 24 GG geht aber hervor, daß er sich auf alle internationalen Organisationen bezieht, wobei die Väter des Grundgesetzes besonders an die UNO und ihre Sonderorganisationen gedacht haben. Das Bundesverfassungsgericht hat daher

---

100 Maida v. Administration for International Assistance, ILR 23, S. 514.

geprüft, ob die vom Land Baden und dem Port autonome de Strasbourg errichtete gemeinsame Hafenverwaltung Kehl unter diesen Artikel fallen könne. Das Bundesverfassungsgericht verneinte dies, weil diese Hafenverwaltung nicht durch einen völkerrechtlichen Vertrag gegründet wurde. Das Bundesverfassungsgericht wandte also nicht etwa das von *Bleckmann* aufgestellte Kriterium der Supranationalität an[101] und erwähnte in dieser Entscheidung als Beispiel zwischenstaatlicher Einrichtungen, die durch völkerrechtliche Verträge geschaffen worden seien und auf die daher Artikel 24 GG anwendbar sei, „zwischenstaatliche oder supranationale" Organisationen und führte als Beispiel einerseits die ILO und den Sicherheitsrat der Vereinten Nationen, andererseits die EGKS an. *Bleckmann* hat übrigens selbst erwähnt (S. 33), daß das Bundesverwaltungsgericht in seiner Entscheidung vom 16. 9. 1977[102] Artikel 24 GG als für Eurocontrol anwendbar erklärt hat. Dennoch soll laut *Bleckmann* (S. 69) Artikel 24 GG sich nur auf die allgemeine Hoheitsgewalt der supranationalen Institutionen gegenüber den Staatsbürgern und den Behörden der Mitgliedstaaten beziehen, nicht eigentlich aber auf die Personalhoheit der internationalen Organisationen, und zwar auch dann nicht, wenn diese Personalhoheit auf deutschem Boden ausgeübt wird. Meiner Ansicht nach folgt dies aber aus dem Schluß de majore ad minus. *Bleckmann* (S. 69) beruft sich für seine Ansicht in Fußnote 128 auf den GG-Kommentar von *v. Münch / Rojahn*, der diese Ansicht aber nicht einmal erwähnt. *Bleckmanns* These erscheint uns umso erstaunlicher, als die Bediensteten einer Organisation sich doch freiwillig und gegen beachtliche Vorteile in eine wesentliche engere Bindung zur Organisation begeben haben als die anderen Staatsangehörigen der Mitgliedstaaten und deren sonstige Einwohner. Es erscheint daher nur recht und billig, daß die Organisation durch Ausübung der auf diese Weise erworbenen verstärkten Hoheitsgewalt ihnen auch Lasten auferlegen kann, die diejenigen der sonstigen Staatsangehörigen und Bewohner des Gebietes der Mitgliedstaaten überschreiten, z. B. ihren Bediensteten das Streikrecht verweigern kann.

Auf Seite 107 kommt *Bleckmann* auf diesen Gedanken zurück und betont, daß Artikel 24 GG Hoheitsrechte nur so weit übertragen will, als sie für die Erfüllung der primären Aufgaben einer supranationalen Organisation erforderlich seien (vgl. unten S. 84). Zur Stützung dieser These kann er keinen Kommentar und keine Entscheidung anführen. Die Unmaßgeblichkeit der Unterscheidung zwischen primärer und sekundärer Tätigkeit in diesem Zusammenhang haben wir schon oben (oben S. 42) dargelegt.

---

[101] BVerfG 30. 6. 1953, BVerfGE 2, 347 (374, 378), ILR 20, S. 408.

[102] NJW 1978, S. 1759 (1761).

Wir verstehen nicht ganz, wieso *Bleckmann* (S. 69) glauben kann, daß Artikel 24 GG die öffentlich-rechtlich geordnete Personalhoheit internationalen Organisationen auf deutschem Boden verbieten könne. Das war mit Artikel 24 GG sicher nicht beabsichtigt, der doch die Tätigkeit internationaler Organisationen erleichtern wollte. Genauso schwer verständlich erscheint mir die Verbindung, die *Bleckmann* (S. 69, letzter Abs.) zwischen diesem durch Artikel 24 GG garantierten und nicht etwa verbotenen Recht der Organisationen zu dem Recht der ausländischen Staaten ziehen will, die aufgrund Artikel 25 GG das Dienstrecht ihrer Botschaften in der Bundesrepublik Deutschland regeln können. Wir verstehen auch nicht, wieso *Bleckmann* (S. 69) die Konstruktion des Bestehens einer auf das Dienstverhältnis beschränkten Gesetzgebungsgewalt internationaler Organisationen als „etwas kühn“ bezeichnet. Dieses Recht erkennt die Lehre und Praxis den Organisationen generell zu. *Bleckmann* selbst scheint im letzten Absatz dieser Seite 69 von dem Bestehen eines solchen Rechtes auszugehen. Er bezieht sich dort auf Artikel 13 und 14 der Satzung der Agentur, internationale Beamte „nach den ‚üblichen Bedingungen‘ anzustellen“. Artikel 14 dieser Satzung gewährt der Eurocontrol-Kommission insoweit zwar ein Gesetzgebungsrecht, wenn wir auch vergeblich in Artikel 13 und 14 der Satzung nach den Worten „nach den üblichen Bedingungen“ gesucht haben, die *Bleckmann* dennoch in Anführungszeichen setzt.

Bleckmann (S. 71) scheint eine Regelung nach deutschem Recht zu fordern, die einheitlich die Immunität aller Bediensteten aller internationalen Organisationen regeln müßte. Diese einheitliche deutsche Qualifikationsregel wäre heranzuziehen, um zu entscheiden, ob die Beziehungen zwischen einer Organisation und ihren Bediensteten als privatrechtliche Regeln zu qualifizieren seien, weil sie nur von fern den Kernbereich der staatlichen Souveränität beträfen (Fiskustheorie) oder ob sie öffentlich-rechtlicher Art seien. Nur in letzterem Fall wären diese Beziehungen durch die Immunität geschützt. Als Qualifikationskriterium denkt *Bleckmann* (S. 72) zunächst an das Bestehen eines organisationseigenen internationalen Verwaltungsgerichts. Da aber seiner Ansicht nach nur sehr wenige Organisationen ein solches Verwaltungsgericht besäßen, sollten die Beziehungen aller Bediensteten aller internationalen Organisationen der Gerichtsbarkeit der deutschen Gerichte unterworfen sein. Selbst wenn man aber auf die Lage in den einzelnen Organisationen abstelle, würde auch Eurocontrol der deutschen Gerichtsbarkeit unterliegen, da die deutschen Gerichte die Zuständigkeit des Verwaltungsgerichts der ILO nicht berücksichtigen könnten, weil diese Zuständigkeitsbegründung für die deutschen Gerichte nicht wirksam erfolgt sei.

Selbst wenn man seine Grauzonen-Theorie nicht anerkennen wollte, gibt *Bleckmann* sich nicht für geschlagen. Er beruft sich darauf (S. 72), daß ein Teil der Lehre nur hochpolitische Akte als acta jure imperii ansehe. Verwaltungsakte, welche die Verpflichtung des Dienstherren ablehnen, für einen Beamten Sozialversicherungsbeiträge zu zahlen, seien jedenfalls nicht solche hochpolitische Akte. *Bleckmann* beruft sich ferner auf die Konzeption des (foreign) Act of State und des Acte de Gouvernement, nach der ebenfalls nur (hochpolitische) Regierungsakte der gerichtlichen Nachprüfung entzogen sind. Wir wollen hier nur den Widerspruch festhalten, daß *Bleckmann* hier das gegenständliche Handeln der Eurocontrol als Verwaltungsakt qualifiziert, auf der nächsten Seite (S. 74) aber leugnet, daß es sich hierbei um einen Verwaltungsakt handele. Hinzuzufügen ist, daß es unzählige Entscheidungen über die Immunität jure imperii ausländischer Staaten gibt, die keine hochpolitischen Akte betrafen, z. B. ein Streit bereffend eine amtliche Auskunft über die japanischen Devisengesetzbestimmungen[103] oder die Verweigerung einer Ausfuhrgenehmigung[104].

Bleckmann (S. 73 - 74) möchte überall dort „décision préalable" lesen, wo Artikel 92 des Personalstatuts der Eurocontrol nur von „décision" spricht. Nach *Bleckmann* (S. 73 Anm. 139, 2. Abs.) erscheine das Wort „Verwaltungsakt" im deutschen Text dieses Statuts, der mir nicht zugänglich war. *Bleckmann* gibt aber nicht an, ob mit diesem deutschen Wort das Wort „décision" oder die Worte „acte faisant grief" gemeint ist.

Artikel 92 des Personalstatuts der Eurocontrol entspricht wortwörtlich dem Artikel 90 des Statuts der Beamten der EG[105]. In der amtlichen deutschen Fassung dieses Textes ist „décision" durch „Entscheidung" wiedergegeben[106]. Festzuhalten bleibt, daß in seinen Schlußanträgen in der Rechtssache Raponi gegen Kommission[107] der Generalanwalt *Römer*, ein deutscher Jurist, die Auffassung vertreten hat, daß der Begriff der „décision" in diesem Text in einer umfassenderen Bedeutung verstanden werden muß als der deutsche Begriff des „Verwaltungsaktes"[108]. *Römer* spricht nicht einmal von der Möglichkeit, daß das Wort „décision" in diesem Text so verstanden werden müsse, daß damit lediglich eine „décision préalable" gemeint sei. Es erscheint mir

---

[103] Zavicha Blagojevich c. Banque du Japon, Cass. Civ. Française, 1. ch., 19. Mai 1976, AFDI 1977, S. 1004.

[104] BGH 10. 1. 1956, JEIA Fall, BGHZ 19, 341, ILR 23, S. 787.

[105] JO C 100/27 vom 28. 9. 1972.

[106] ABl. C 100/27 vom 28. 9. 1972.

[107] Rs. 27/63, Slg. 10 (1964), S. 275 (310).

[108] Im gleichen Sinn *Henrichs*, Die Rechtsprechung des Europäischen Gerichtshofs in Personalsachen, EuR 1980, S. 138.

unmöglich, demselben Wort in dem wortwörtlich identischen Text des Personalstatuts der Eurocontrol eine andere Bedeutung als in dem Recht der EG beizumessen. Selbst wenn man *Bleckmanns* Argument folgen wollte, daß der Begriff des öffentlich-rechtlichen Vertrages nur dem deutschen, dem französischen und dem Gemeinschaftsrecht bekannt sei, könnte man sich fragen, ob die Tatsache, daß das Personalstatut der Eurocontrol mit demjenigen der Europäischen Gemeinschaften nahezu deckungsgleich ist, diesen Begriff nicht auch in das Personalstatut der Eurocontrol eingeführt habe. Der Umstand, daß anders als bei den Bediensteten der Europäischen Gemeinschaften das Dienstverhältnis der Eurocontrol-Bediensteten durch eine „lettre d'engagement" (Art. 28 lit. g des Personalstatuts der Eurocontrol) begründet wird, reicht gewiß nicht aus, um diese vertragliche Bindung deshalb als privatrechtlichen Vertrag zu qualifizieren. Meine Auffassung teilt das Urteil eines Luxemburger Gerichtes[109] und ein Urteil des Gerichtshofes der EGKS[110] über Bedienstete der Europäischen Parlamentarischen Versammlung bzw. der Hohen Behörde der EGKS, die aufgrund eines Dienstvertrages eingestellt worden sind. Diese Dienstverträge sind gänzlich verschieden von Dienstverträgen, wie denjenigen z. B. der Putzfrauen der NATO, die von der NATO selbst dem Privatrecht eines bestimmten Staates unterstellt wurden[111]. Die von Eurocontrol abgeschlossenen Dienstverträge unterstehen dagegen dem Völkerrecht. Derartige Verträge schließen nahezu alle Organisationen ab, um ihren Bediensteten eine gewisse Garantie gegen einseitige Veränderungen ihrer Rechtslage zu geben (vgl. oben S. 58). Der Gerichtshof der Europäischen Gemeinschaften hat das Recht der Eurocontrol anerkannt, Hoheitsgewalt gegenüber den Benutzern auszuüben[112], d. h. also potentiell zumindest gegenüber allen Staatsangehörigen und Einwohnern der Mitgliedstaaten. Warum müßte Eurocontrol dann aber darauf angewiesen sein, die Beziehungen mit ihrem Personal, das doch in einem wesentlich engeren Verhältnis zur Eurocontrol als der genannte Personenkreis steht, nur in den Formen des Privatrechts regeln zu können, während alle anderen internationalen Organisationen diese dienstrechtlichen Beziehungen in Anwendung ihrer eigenen Hoheitsgewalt in öffentlich-rechtlichen Formen regeln. *Bleckmann* selbst (S. 107) qualifiziert die Anstellungsverträge der Eurocontrol-Bediensteten als öffentlich-rechtliche Verträge, wenn er die These widerlegen will, daß die Gerichtsbarkeit des Verwaltungsgerichts der ILO darauf gestützt werden könnte, die Annahme des Artikel 93 des Personalstatuts durch den

---

109 Siehe oben Anm. 65.

110 EuGH 18. 7. 1955, Rs. 1/55, Kergall, Slg. 2, S. 24, ILR 23, S. 628.

111 Tribunal de Paix de Fontainebleau 5. 12. 1955 Hénaut c. Etat-Major des Forces Alliées Centre-Europe, AFDI 1956, S. 764.

112 EuGH 14. 10. 1976, Slg. 1976, S. 1541 (1551).

Beamten als Klausel eines privatrechtlichen Vertrages anzusehen, durch den ein ausländischer Gerichtsstand begründet oder eine Schiedsvereinbarung getroffen werden sollte.

Bleckmanns Polemik auf Seite 74, letzter Absatz, könnte glauben machen, daß er es für einen Mißbrauch hält, daß internationale Organisationen alle Maßnahmen, die sie hinsichtlich des Dienstverhältnisses ihrer Bediensteten treffen, als Verwaltungsakte bezeichnen. Um diesen „Mißbrauch“ abzustellen, möchte *Bleckmann* nur solche Handlungen als Verwaltungsakte anerkennen, die auch nach deutschem Verwaltungsrecht Verwaltungsakte darstellen würden. Es geht aber nicht an, in das Recht einer internationalen Organisation Rechtsvorstellungen einzuführen, die so nur dem Recht eines ihrer Mitgliedstaaten entsprechen.

E. Immunität von Eurocontrol aufgrund der Zuweisung der Streitigkeiten an das Verwaltungsgericht der ILO

Leitgedanken *Bleckmanns*

Nach den aus seiner Sicht bloß Hilfserwägungen enthaltenden Kapiteln C und D nimmt *Bleckmann* nunmehr wieder seine Theorie auf, daß die Ziffer 5 des Zeichnungsprotokolls eine dauernde Verpflichtung enthalte, die Zuständigkeit der innerstaatlichen Gerichte in bezug auf Dienststreitigkeiten nicht zu beschränken. Nach *Bleckmann* hätte Eurocontrol keine Rechtsgrundlage für ihr Abkommen mit der ILO gehabt. Dieses Abkommen könne auch nicht durch estoppel Gültigkeit erlangen. Es wäre gleichfalls nicht möglich, daß die Bundesrepublik Deutschland auf diese Weise auf ihre Gerichtsbarkeit verzichtet hätte. Ein Staat könne nämlich nur auf Rechte, nicht aber auf Zuständigkeiten verzichten (S. 86). Selbst wennn aber ein Verzicht im Völkerrecht zulässig wäre, wäre es unmöglich, diesen Verzicht mit Wirkung für das deutsche Recht auszustatten (S. 91). Die deutsche Verordnung von 1979[113] über die Sozialversicherung der Eurocontrol-Bediensteten ermangele daher der gesetzlichen Grundlage (S. 92 - 93).

Schon nach allgemeinem Völkerrecht hätte Eurocontrol kein Recht, ein internationales Verwaltungsgericht zu errichten. Zwar habe der Internationale Gerichtshof jeder Organisation dieses Recht zuerkannt, indem er seine Schlußfolgerungen im Rechtsgutachten über das Verwaltungsgericht der Vereinten Nationen verallgemeinernd gehalten

[113] Verordnung vom 29. 8. 1979, BGBl. 1979 II, 970.

habe. Dieses Rechtsgutachten[114] verbürge aber nicht die Existenz eines solchen Rechtes, denn es sei nur mit elf gegen vier Stimmen zustande gekommen (S. 94). Überdies habe Eurocontrol nicht einmal ein eigenes Verwaltungsgericht errichtet, sondern diese Aufgabe dem Verwaltungsgericht der ILO anvertraut (S. 94 - 95).

Selbst wenn aber das Völkerrecht allgemein internationalen Organisationen das Recht zur Errichtung eigener Verwaltungsgerichte gäbe, würde die Ziffer 5 des Zeichnungsprotokolls eine lex specialis darstellen. Diese lex specialis könne weder durch eine Entscheidung der Vertreter aller Mitgliedstaaten der Eurocontrol, noch durch Vertrag und noch weniger durch ein Verwaltungsabkommen abgeändert werden. Die moderne Theorie der Selbstbindung lasse nicht zu, daß die Mitgliedstaaten des Gründungsvertrages einer Organisation dessen Bestimmungen abändern könnten, wenn sie sie im Grundungsvertrag der Organisation für änderungsfest erklärt hatten (S. 100 - 102). Da aber jedenfalls im deutschen Recht die Ziffer 5 des Zeichnungsprotokolls durch ein deutsches Gesetz gebilligt worden war, könnte diese Bestimmung nur aufgrund eines Gesetzes aufgehoben werden. Dies ergäbe sich aus Artikel 59 Absatz 2 GG (S. 104). Überdies finde sich die Verpflichtung der Eurocontrol-Bediensteten, ihre Streitigkeiten dem Verwaltungsgericht der ILO zu unterbreiten, nur in ihrem Personalstatut, das Teil des sekundären Rechts von Eurocontrol sei. Solches sekundäres Recht werde nur dann in deutsches Recht transformiert, wenn dies eine Vertragsklausel ausdrücklich vorsieht, wie zum Beispiel Artikel 189 EWG (S. 107). (Vgl. jedoch unten S. 85.)

Man könne dem in Ziffer 5 des Zeichnungsprotokolls enthaltenen Verbot auch nicht dadurch ausweichen, daß man die Beziehungen zwischen Eurocontrol und ihren Bediensteten als Privatrechtsverhältnisse und die Unterwerfung unter das Verwaltungsgericht der ILO als Bestimmung eines privatrechtlichen Vertrages ansehe. Dies erscheine kaum möglich, wenn es sich um einen öffentlich-rechtlichen Vertrag handeln sollte (S. 107).

Grundsätzliche eigene Stellungnahme

Bleckmanns Argumente zum Ausschluß der estoppel-Wirkung sind nicht überzeugend. Die estoppel-Lehre will den guten Glauben des anderen Vertragspartners, hier also der ILO, schützen. *Bleckmann* benötigt 163 Seiten, um die Rechtsproblematik des Falles zu analysieren. Man kann daher wohl kaum sagen, daß es für die ILO hätte offenkundig sein müssen, daß das von Eurocontrol gemachte Vertragsangebot für Eurocontrol ultra vires gewesen sei.

---

114 13. 7. (und nicht 17. 6.) 1954, ICJ Reports 1954, S. 47.

Staaten können nicht nur auf Rechte, sondern auch auf Zuständigkeiten verzichten. Die ganze Theorie der Errichtung internationaler Organisationen baut auf dem Gedanken auf, daß die Mitgliedstaaten auf einen Teil ihrer Zuständigkeiten verzichten, um der Organisation die Ausübung eigener identischer Zuständigkeiten zu ermöglichen[115].

Wenn man dem Beispiel *Bleckmanns* folgend (S. 94), das Bestehen jeder Völkerrechtsregel leugnen wollte, deren Existenz einer oder mehrere Richter des Internationalen Gerichtshofs in einem Minderheitsvotum bestritten haben, könnte man das ganze Völkerrecht auf einer Postkarte aufzeichnen.

Bleckmann wendet sich sodann (S. 95 - 97) gegen meine Ansicht, daß das Abkommen zwischen Eurocontrol und der ILO als eine Abänderung der Ziffer 5 des Zeichnungsprotokolls angesehen werden könnte, die außerhalb des Zusammenhanges des Eurocontrol-Übereinkommens in Form eines Regierungsabkommens geschlossen worden sei. Ich bleibe dabei, daß diese Lösung nach Völkerrecht zulässig ist. Die Lehre von der Selbstbindung der Staaten im Rahmen internationaler Organisationen ist unhaltbar. Sie würde zur Versteinerung der Organisationen führen und widerspricht darüber hinaus der Souveränität der Staaten.

Es ist eine stillschweigend[116] zugestandene Bedingung für die Funktionsfähigkeit einer Organisation, in ihrem Recht die Änderungen vorzunehmen, die durch spätere Entwicklung nötig werden, sei es durch eine ausdrückliche diesbezügliche Ermächtigung an ihre Organe (vgl. Art. 235 EWG), sei es durch einen Rechtsakt der Vertreter aller Mitgliedstaaten. Vom formalen Standpunkt aus wird ein solcher Akt außerhalb des Rahmens der Organisation gesetzt. Er stellt dennoch ein Verwaltungsabkommen dar, das praktisch die erwünschten Änderungen vornimmt. Die Praxis verwirft klar und deutlich jeden Gedanken an Selbstbindung in dieser Frage. Ich verweise insoweit auf die Beschleunigungsbeschlüsse vom 12. 5. 1960 und vom 15. 5. 1962 sowie auf die Luxemburger Beschlüsse vom 29. 1. 1966 im Rahmen der EWG[117], auf die de facto Abänderung der Artikel XVIII A und C des GATT durch eine Entscheidung der Mitgliedstaaten vom 28. 11. 1979[118], auf die Verringerung der aufgrund des EWG-Vertrages von Großbritannien an den EWG-Haushalt abzuführenden Summen aufgrund des Beschlusses vom 30. 5. 1980[119]. Der Internationale Gerichtshof hat solche

---

[115] *Seidl-Hohenveldern*, oben Anm. 87.

[116] IGH 11. 4. 1949, ICJ Reports 1949, S. 174, ILR 16, S. 318.

[117] *Seidl-Hohenveldern* (oben Anm. 87), S. 141.

[118] AFDI 1979, S. 595.

[119] *Keesing*'s Archiv der Gegenwart 1980, S. 23579.

außersatzungsmäßige Änderungen der UNO-Satzung in seinen Rechtsgutachten über Südwestafrika[120] gutgeheißen. Diese Rechtsgutachten billigten* die Übertragung von Vollmachten der Völkerbundversammlung in Mandatsangelegenheiten auf die Generalversammlung der UNO[121], soweit diese Änderungen nicht mit den Hauptzielen und dem Grundaufbau der Organisation unvereinbar seien. Eine allfällige Aufhebung der Ziffer 5 des Zeichnungsprotokolls fiele wohl nicht in die im letzten Satzteil erwähnte Ausnahmeregel, selbst wenn man annehmen wollte, daß das Abkommen zwischen dem Verwaltungsgericht der ILO und Eurocontrol eine solche Aufhebung bewirken wollte (vgl. aber oben S. 40).

Auch im Rahmen von Eurocontrol selbst könnte man leicht andere Fälle finden, in denen das Übereinkommen oder das Statut durch einstimmige Entscheidungen der Vertreter der Mitgliedstaaten in der Eurocontrol-Kommission geändert wurden. Schon in meinem ersten Gutachten habe ich auf die Abkommen *Moroni-Walton* vom 26. 1. 1966 hingewiesen, durch die das durch Artikel 38 des Übereinkommens verankerte Prinzip der einheitlichen Kontrolle des Luftraums aufgegeben wurde.

Artikel 15 Absatz 3 der Satzung der Agentur sieht vor, daß die der Agentur von einer nationalen Verwaltung zur Verfügung gestellten Beamten dieser wieder zur Verfügung gestellt werden können*. Artikel 47 des Personalstatuts zählt erschöpfend die Gründe für eine endgültige Beendigung des Dienstverhältnisses zu Eurocontrol auf, ohne darin diese Zurverfügungstellung* zu erwähnen. Diese Nichterwähnung erklärt sich leicht, wenn man sich in Erinnerung ruft, daß diese Art Dienstverhältnisse für Personal der Eurocontrol auf diese Art zu begründen oder zu beenden, mit der Annahme des Personalstatuts genauso hinfällig geworden war, wie die Ziffer 5 des Zeichnungsprotokolls (vgl. oben S. 40). Gemäß der Ziffer 4 des Zeichnungsprotokolls soll sich der Ausdruck „Gehaltsstufen" auf die Staffelung, die für sie kennzeichnend ist, beziehen, ohne genaue Festsetzung ihres Betrages. Das von der Eurocontrol-Kommission einstimmig genehmigte Personalstatut hat sich aber für eine andere Lösung entschieden. Der Anhang zu dessen Artikel 66 setzt diese Beträge genau fest, obwohl Ziffer 4 des Zeichnungsprotokolls dies ausdrücklich untersagt hatte.

Als weitere einstimmig von der Kommission angenommene Änderungen seien erwähnt die Rückführung der Eurocontrol-Zentren Karlsruhe und Shannon in nationale Kontrolle und die multilaterale Einigung, derzufolge die Flugsicherungsgebühren den Staaten zufließen

---

[120] ICJ Reports 1950, S. 137 und ICJ Reports 1955, S. 74.

[121] Zustimmend *E. Lauterpacht*, RdC 152, S. 436 - 437.

sollten, obwohl sie nach dem Übereinkommen in den Haushalt der Organisation eingehen sollten.

Warum hätte also der Artikel 93 des Personalstatuts nicht auch von Ziffer 5 des Zeichnungsprotokolls abweichen können, selbst wenn man mit *Bleckmann* (S. 108) annehmen wollte, daß die Ziffer 5 ein Verbot enthalte, Dienststreitigkeiten anderen Instanzen als nationalen Gerichten zu unterbreiten (vgl. jedoch oben S. 62 und unten S. 71).

Ich möchte aber nochmals unterstreichen, daß es sich bei meinen obigen Ausführungen nur um eine Hilfsinterpretation für den Fall handelt, daß das Gericht meiner grundlegenden Ansicht nicht zu folgen bereit wäre, daß der Abschluß des Abkommens zwischen Eurocontrol und der ILO nur eine subsequent practice darstelle, die zur Auslegung der Ziffer 5 des Zeichnungsprotokolls heranzuziehen sei, dessen Text keineswegs so klar ist, wie *Bleckmann* glauben macht.

Es scheint mir ferner schwer, meine zweite Hilfserwägung zu widerlegen, derzufolge die Unterwerfung unter das Verwaltungsgericht der ILO als Klausel in einem privatrechtlichen Vertrag zu beachten wäre, wenn man nicht bereit sein sollte zuzugeben, daß das Band, das die Bediensteten der Eurocontrol an die Organisation bindet, ein öffentlich-rechtliches Band sei. Es erscheint mir ebenfalls unmöglich, auf der einen Seite die Theorie vom Vorliegen eines privatrechtlichen Rechtsverhältnisses mit dem Argument zu bekämpfen, es handele sich um einen öffentlich-rechtlichen Vertrag (S. 107) und zu gleicher Zeit Eurocontrol nicht in den Genuß der Immunität für diese ihre Akte jure imperii kommen zu lassen. *Bleckmann* hat versucht, sich diesem Dilemma zu entziehen und hat zu diesem Zweck die erwähnte graue Zone entdeckt. Wir haben schon oben (oben S. 58) darauf hingewiesen, warum wir dieser Theorie *Bleckmanns* nicht folgen können.

Einzelbemerkungen

Auf Seite 77 Anmerkung 142 und Seite 81 Anmerkung 156 behauptet *Bleckmann*, daß ein Verwaltungsgericht nicht überprüfen könne, ob das Personalstatut einer Organisation mit der Satzung der Organisation selbst übereinstimme. Der Fall *Rubin*[122], den er in seiner Fußnote 142 zitiert, war nicht mit diesem Problem befaßt. In dieser Rechtssache hatte sich das Verwaltungsgericht der Vereinten Nationen für unzuständig gehalten, darüber zu entscheiden, ob ein Abkommen zwischen dem Generalsekretär der UNO und den Vereinigten Staaten mit der Satzung der Vereinten Nationen in Übereinstimmung sei. Dieses Abkommen konnte nach Ansicht des Gerichts auf den Rechtsstreit keine

[122] TANU 21. 8. 1953, Clunet 1953, S. 924.

direkte Anwendung finden, obwohl de facto dieses Abkommen auf die Entscheidung des Generalsekretärs möglicherweise großen Einfluß gehabt hat.

Bleckmanns Fußnote 156 verweist auf *Verdross / Simma* ohne Seitenangabe. Ich habe aber nirgends in diesem Werk eine Stelle gefunden, die diese Ansicht *Bleckmanns* bekräftigt. Diese Ansicht entspricht darüber hinaus auch nicht der Praxis. In den Rechtssachen 17, 18, 19 und 21/1955[123] hat das Verwaltungsgericht der ILO sehr wohl überprüft, ob Akte des Generalsekretärs der UNESCO mit der Konvention zur Errichtung der UNESCO vereinbar seien. In seinem Rechtsgutachten vom 13. 7. 1954[124] hat dies auch der Internationale Gerichtshof getan. *Bleckmann* versteckt dieses Rechtsgutachten in seine Fußnote 155 und spricht im Text nur von dem wenig beweiskräftigen Beispiel der Zurückhaltung des Internationalen Gerichtshofs bei der Prüfung der Frage, ob Entscheidungen des Sicherheitsrates mit der Satzung der Vereinten Nationen in Einklang stünden. Es besteht also kein Hindernis, daß das Verwaltungsgericht der ILO die Vereinbarkeit des Vertrages zwischen der ILO und Eurocontrol mit dem Recht der Eurocontrol überprüfe, umsomehr als ein Beschwerdeführer die Gültigkeit dieses Abkommens vor dem Verwaltungsgericht der ILO wegen der angeblichen Unvereinbarkeit des Abkommens mit dem Eurocontrol-Recht bestritten hat. In seinem Urteil Nr. 322 in der Rechtssache *Breuckmann*[125] hatte der Beschwerdeführer diese Argumente vorgebracht. Das Verwaltungsgericht hat sich aber dennoch auf das Abkommen gestützt, daß es daher als gültig ansieht. Nur unter dieser vom Verwaltungsgericht der ILO stillschweigend als gegeben erachteten Voraussetzung geht dieses Abkommen den Regeln vor, die eine der Parteien vorher einseitig abgeschlossen hatte.

Bleckmann (S. 77 - 78) kritisiert den Artikel 27 Absatz 2 der Draft Articles on Treaties Concluded between States and International Organizations or between International Organizations, die die International Law Commission verabschiedet hat. Nach *Bleckmann* handele es sich hier mangels ausreichender Übung nicht um Völkergewohnheitsrecht. *Bleckmann* verwirft die Analogie, die die 25 Mitglieder dieser aus internationalen Völkerrechtsexperten gebildeten Kommission aus den einschlägigen Regeln der Wiener Konvention über das Recht der Verträge zwischen Staaten ableiten. Da die Völkerrechtspersönlichkeit internationaler Organisationen auf die Ausübung ihrer Funktionen beschränkt sei, würde die Anwendung der estoppel-Lehre einer Orga-

---

[123] AFDI 1955, S. 308.

[124] Oben Anm. 114.

[125] TAOIT 21. 11. 1977, AFDI 1977, S. 513.

nisation ermöglichen, ihre Zuständigkeiten rechtsmißbräuchlich zu erweitern. *Bleckmann* fragt sich, ob in einem solchen Fall der Vertrag, der zwischen den Mitgliedstaaten der Organisation geschlossen worden war, nicht einen Vorrang vor Verträgen haben sollte, die die Organisation mit dritten Staaten schließt (S. 78). Seit der Annahme des Artikels 27 der Draft Articles[126] hat die International Law Commission auch den Artikel 46[127] verabschiedet, der den Gedanken *Bleckmanns* (S. 78) verwirft[128], auf diese Weise dem Vertrag über die Gründung der Organisation einen Vorrang zu verschaffen.

Hilfsweise bestreitet *Bleckmann* schließlich auch noch deshalb das Vorliegen eines estoppel, weil das Abkommen zwischen Eurocontrol und der ILO der ILO nur Lasten ohne Gegenleistung aufgebürdet habe (S. 78). In Wirklichkeit ergibt sich aus dem Text des Abkommens, daß *Eurocontrol* sich verpflichtet, alle Dienststreitigkeiten dem Verwaltungsgericht der ILO zu unterbreiten[129]. Überdies verpflichtet sich Eurocontrol, zu den Sekretariatskosten und sonstigen Kosten des Verwaltungsgerichts beizutragen.

Nach *Bleckmann* (S. 78 - 79) sei es offenkundig, daß der Abschluß des Abkommens zwischen ILO und Eurocontrol gegen Ziffer 5 des Zeichnungsprotokolls verstieße (vgl. jedoch oben S. 68). Wir haben überdies schon darauf hingewiesen (oben S. 36), daß die Auslegung, die *Bleckmann* der Ziffer 5 gibt, gewiß nicht die einzig mögliche ist.

Nach *Bleckmann* (S. 79) sei das Abkommen zwischen ILO und Eurocontrol selbst dann nicht in das innergemeinschaftliche Recht der Eurocontrol überführt worden, wenn es völkerrechtlich gültig zustande gekommen wäre. Es sei deshalb für den Kläger nicht verbindlich (S. 79). Da der Kläger aber das Personalstatut einschließlich dessen Artikel 93 als Grundlage seines Anstellungsvertrages anerkannte, hat der Kläger damit die Gültigkeit dieses Artikels und damit die ausschließliche Gerichtsbarkeit des Verwaltungsgerichts der ILO ohne Widerspruch anerkannt.

Bleckmann bestreitet ferner (S. 79), daß das Abkommen zwischen Eurocontrol und ILO in deutsches Recht transformiert worden sei. Eine

126 Yearbook ILC 1977 (Bleckmann zitiert „1979") II/2, S. 118.

127 Yearbook ILC 1979 I, S. 220, 224.

128 Ebenso *R. J. Dupuy*, L'application des règles du droit international général des traités aux accord conclus par les Organisations internationales, Ann. IDI 55 (1973), S. 257 bzw. 273 - 274.

129 Die vom TAOIT geforderte Standarderklärung findet sich für die UNESCO in ICJ Pleadings, Oral Arguments, Documents. Judgments of the Administrative Tribunal of the ILO upon complaints made against UNESCO S. 47: „Je déclare au nom de cette Organisation reconnaître conformément au paragraph 5 de l'art. 2 du Statut du TAOIT la compétence de ce Tribunal à connaître des requêtes ..."

solche Transformation erscheint mir nicht erforderlich, weil meiner Ansicht nach (unten S. 85) Artikel 93 ebenso wie alle anderen Bestimmungen des Personalstatuts aufgrund des Artikels 14 der Satzung der Agentur in deutsches Recht transformiert worden ist. Der Artikel 93 des Personalstatuts gibt aber praktisch den Inhalt des Abkommens zwischen ILO und Eurocontrol wieder.

Bleckmann kritisiert mit Recht (S. 80) die merkwürdige Form, in der das Abkommen zwischen Eurocontrol und ILO abgeschlossen worden ist. Es handelt sich hier aber in Wirklichkeit nicht um zwei parallele „Gesetze“. Die merkwürdige Form des Vertragsabschlusses ist sicher nach dem Vorbild der UNO gewählt worden, wie sie zum Beispiel beim Eintritt der Bundesrepublik Deutschland zur UNO angewendet wurde[130].

Nach *Bleckmann* (S. 82) kann ein deutscher Richter überprüfen, ob ein ausländisches Gesetz, das er gemäß des deutschen IPR anwenden muß, mit der Verfassung des betreffenden Staates in Einklang stehe. *Bleckmann* erwähnt jedoch nicht die zusätzliche Voraussetzung, daß dies nur dann der Fall ist, wenn in dem betreffenden Staat der Fall vor dessen Verfassungericht hätte überprüft werden können[131].

Da *Bleckmann* (S. 77, 81) bestreitet, daß das Verwaltungsgericht der ILO die Vereinbarkeit des Personalstatuts von Eurocontrol mit dem Eurocontrol-Übereinkommen überprüfen könnte, weigert er sich, diese Regel hier direkt anzuwenden (S. 82, 84). Das Verwaltungsgericht der ILO hat jedoch eine solche Prüfungkompetenz. Es hat sie in der Rechtssache *Breuckmann*[132] ausgeübt und dabei implicite die Gültigkeit des Abkommens zwischen Eurocontrol und ILO anerkannt (vgl. oben S. 72). *Bleckmann* (S. 83) erklärt neuerlich, daß Artikel 24 GG sich nur auf Souveränitätsverzichte zugunsten der Primärtätigkeit supranationaler Organisationen beziehe (vgl. oben S. 62 und 63 sowie unten S. 84). Nach der Ansicht des Bundesverfassungsgerichts bezieht sich Artikel 24 GG auch auf die ILO[133].

Die estoppel-Doktrin könne nicht zum Nachteil der Bundesrepublik Deutschland wirken, obwohl deren Vertreter in der Eurocontrol-Kommission seine Zustimmung zu dem Abkommen mit der ILO gegeben habe. Die Doktrin könne nicht zum Tragen kommen, weil keine der Parteien einen Schaden erleide, wenn das Abkommen nicht angewen-

---

[130] Vgl. Denkschrift der Bundesregierung zum Entwurf eines Gesetzes über den Beitritt der Bundesrepublik Deutschland zur Charta der Vereinten Nationen, BT Drucksache 7/154, S. 42 ff. *v. Münch*, Deutschland und die UNO (1973), S. 125 - 126.

[131] *Kegel*, Internationales Privatrecht (4. Aufl. 1977), S. 229.

[132] Oben Anm. 125.

[133] Oben Anm. 101.

det werde (S. 85). Meiner Ansicht nach verlöre in diesem Fall einerseits das Verwaltungsgericht der ILO einen Teil seiner Zuständigkeit, andererseits ginge die Einheitlichkeit der Arbeitsbedingungen verloren, die zur Funktionsfähigkeit der Eurocontrol erforderlich ist.

Bleckmann (S. 86 - 87) lehnt auch den Gedanken ab, die Zustimmung des Vertreters der Bundesrepublik Deutschland als deren Verzicht auf den Vorbehalt zugunsten ihrer Gerichtsbarkeit zu deuten, den Ziffer 5 des Zeichnungsprotokolls darstelle.

Wir haben schon oben klargestellt (oben S. 35), daß es hier unserer Ansicht nach nicht um den Verzicht auf ein Recht, sondern um die richtige Auslegung dieser Bestimmung geht. Nach *Bleckmann* (S. 86 bis 87) wäre ein Verzicht auf Kompetenzen unmöglich (vgl. aber oben S. 69).

Nach *Bleckmann* (S. 87) wäre ein Verzicht ferner nur auf Ansprüche möglich, die aus einem bilateralen Vertrag fließen. *Bleckmann* beruft sich dabei auf *Verdross / Simma*[134], die jedoch nur vom Recht jedes Staates sprechen, auf Rechte „gegenüber fremd*en* Staat*en*“ zu verzichten.

Nach *Bleckmann* könne eine Kompetenzverschiebung im Rahmen einer internationalen Organisation nur durch einen Vertrag und nicht durch einen Verzicht bewirkt werden (S. 86). Im Falle der Eurocontrol haben jedoch die Vertreter sämtliche Mitgliedstaaten dem Abkommen mit der ILO zugestimmt. Sie haben dadurch meiner Ansicht nach die Ziffer 5 durch subsequent practice interpretiert, wenn man in der Ziffer 5 aber einen Vorbehalt sehen wollte, so hätten sie darauf gemeinsam im allgemeinen Interesse verzichtet (vgl. oben S. 69*).

Wenn Staatenvertreter im Rahmen einer internationalen Organisation ihre Stimme abgeben, binden sie ihren Staat. Es macht hierbei nach *E. Lauterpacht*[135] wenig aus, ob der Staatenvertreter dazu ermächtigt war oder nicht, seine Stimme in dem Sinn abzugeben, in dem er sie tatsächlich abgegeben hat.

Auf Seite 88 erklärt *Bleckmann*, daß das Recht einer internationalen Organisation sich vom Willen ihrer Mitgliedstaaten verselbständigt habe, während er auf Seite 49 noch richtig feststellt, daß die Mitgliedstaaten einer internationalen Organisation weiterhin die Herren des Gründungsvertrages bleiben und diesen abändern könnten, ohne sich an die Regeln zu halten, die dieser Vertrag für seine eigene Abänderung vorsieht.

---

[134] Universelles Völkerrecht, S. „352“ (recte 342).

[135] RdC 152 (1976 IV), S. 460.

Selbst wenn die sich aus Ziffer 5 des Zeichnungsprotokolls ergebenden Rechte aufgrund eines estoppel verschwunden wären, könnte dieser estoppel im deutschen Recht keine Wirkung entfalten, weil einseitige Akte nicht in deutsches Recht transformiert werden können. Artikel 25 GG sei auf die Transformation einseitiger Akte in deutsches Recht durch estoppel nicht anzuwenden (S. 90 - 92).

Das Abkommen zwischen ILO und Eurocontrol war hinsichtlich Eurocontrol jedenfalls insoweit multilateral, als alle Mitgliedstaaten von Eurocontrol darin — nach der Auslegung *Bleckmanns* — auf die Anwendung der Ziffer 5 des Zeichnungsprotokolls verzichtet hätten. Es besteht daher eine gewisse Reziprozität unter den Mitgliedstaaten. Wir möchten jedoch nochmals unterstreichen, daß ein solcher Verzicht praktisch ins Leere gehen würde, da von allem Anfang an ein Hinfälligwerden der Ziffer 5 für den früheren oder späteren Zeitpunkt vorgesehen war, in dem die nationalen Verwaltungen aufhören würden, ihre Beamten Eurocontrol zur Verfügung zu stellen.

Ganz abgesehen davon erkennt das Völkergewohnheitsrecht, das im deutschen Recht gemäß Artikel 25 GG anzuwenden ist, die Kraft des estoppel an, ein Recht durch staatliches Handeln oder Nichthandeln entstehen oder verschwinden zu lassen, wobei dieses Handeln naturgemäß auch das Handeln eines einzigen Staates sein kann. Es geht aber gar nicht darum, ein solches Handeln in innerstaatliches deutsches Recht zu transformieren. Wenn die Bestimmung eines Vertrages ihre Bindungswirkung im Völkerrecht verliert, sei es durch einen bilateralen Akt, zum Beispiel durch den Abschluß eines späteren Vertrages oder aufgrund eines einseitigen Handelns, zum Beispiel durch estoppel, so verliert diese Bestimmung auch im innerstaatlichen Recht ihre Kraft. Zu dieser Schlußfolgerung kam die Erste Studienkommission der Deutschen Gesellschaft für Völkerrecht[136]. Bei vergleichbarer Verfassungslage hat der österreichische Verfassungsgerichtshof das Verschwinden des österreichisch-deutschen Handelsvertrages vom 12. 4. 1930 aus dem österreichischen Recht ohne jeden diesbezüglichen Transformationsakt angenommen, weil dieser Vertrag im Völkerrecht durch desuetudo hinfällig geworden war[137]. Wir rufen in diesem Zusammenhang in Erinnerung, daß nach unserer Hauptthese (oben S. 40) die Ziffer 5 des Zeichnungsprotokolls ebenfalls durch desuetudo hinfällig geworden ist. Wenn man entgegen meiner Hauptthese annehmen wollte, daß desuetudo nicht vorliege, dann wäre immer noch nicht einzusehen, warum das Hinfälligwerden einer Vertragsbestimmung im Völkerrecht auf-

---

136 These 19 (d), *Partsch*, Die Anwendung des Völkerrechts im innerstaatlichen Recht. Überprüfung der Transformationslehre, BerDGVR 6 (1964), S. 161.

137 Verfassungsgerichtshof 13. 3. 1973, Clunet 1974, S. 627.

grund eines estoppel, das dann möglicherweise vorläge, im innerstaatlichen Recht andere Auswirkungen haben sollte, als ein Hinfälligwerden durch desuetudo.

Nach *Bleckmann* (S. 92 und 108) könnte der Kläger durch eine ein estoppel darstellende Handlung der Bundesrepublik Deutschland nicht verpflichtet werden. Dieses Vorgehen der Bundesrepublik Deutschland hat aber den Kläger zu keinem aktiven oder passiven Verhalten verpflichten wollen.

Wenn die Gerichtsbarkeit der deutschen Gerichte aufgrund eines estoppel, der auch im deutschen Recht Wirksamkeit hat, zum Verschwinden gekommen ist, so beraubt dieser objektiv vorliegende Tatbestand den Kläger nur durch Reflexwirkung eines Rechtes, seine Klage vor diesen Gerichten vorzubringen — falls ein solches Recht überhaupt jemals bestanden haben sollte (vgl. oben S. 39 f.). Wir teilen daher völlig *Froweins* Auffassung über die Reflexwirkung deutscher estoppel-Handlungen im innerstaatlichen deutschen Recht[138].

Auf alle Fälle, falls eine Zuständigkeit deutscher Gerichte jemals in diesen Angelegenheiten gegeben gewesen wäre und diese Zuständigkeit aufgrund völkerrechtlicher Regeln hinfällig geworden wäre, könnte ein deutscher Richter nichts anderes tun, als das Verschwinden dieser Bestimmung feststellen, wie es das Reichsgericht 1925 getan hat[139], als es vor dem Problem stand, ob im Winter 1918/19 die Bestimmung des Friedensvertrages von Brest-Litowsk in Kraft gestanden hatte, die Sowjetbürger von der Beibringung einer Grunderwerbserlaubnis freistellte.

Bleckmann (S. 90) will diese Rechtsfolge nur im Fall eines völligen Hinfälligwerden des Vertrages zugestehen. Es ginge aber nicht an, diese Regel auch auf das Hinfälligwerden einzelner Bestimmungen eines Vertrages anzuwenden. Dies wäre eine Verletzung parlamentarischer Rechte. Meiner Meinung nach müßte auch dieses Problem durch einen de majore ad minus Schluß gelöst werden. Diese Folgerung hat auch die Erste Studienkommission der Deutschen Gesellschaft für Völkerrecht gezogen[140]. *Bleckmann* (S. 90 Anm. 188) beruft sich auf *Verdross / Simma,* wir haben aber weder an der von ihm angegebenen Stelle noch sonst in diesem Werk eine Bestätigung von *Bleckmanns* Ansicht gefunden.

Bleckmann (S. 90) beruft sich darauf, daß es eines deutschen Gesetzes bedürfte, um die Zuständigkeit deutscher Gerichte zu ändern.

---

138 *Frowein,* Die Bindungswirkung von Akten der Auswärtigen Gewalt, FS Menzel, 1975, S. 132 - 133.

139 RGZ 111, S. 40 (45).

140 These 19 (d), *Partsch,* S. 161.

Dieses Argument könnte überhaupt nur dann in Betracht gezogen werden, wenn man nicht nur *Bleckmanns* Auslegung der Ziffer 5 annimmt, sondern überdies noch ausschlösse, daß die Ziffer 5 ihre Anwendbarkeit auch im deutschen Recht, sei es durch desuetudo, sei es durch estoppel, verloren habe. In diesem Fall würde die Annahme des Personalstatuts der Eurocontrol den Abschluß eines im vereinfachten Verfahren abgeschlossenen Verwaltungsabkommens darstellen, das die anläßlich einer Tagung der Eurocontrol-Kommission zusammengekommenen Vertreter aller Mitgliedstaaten abgeschlossen haben. Ein solches Abkommen würde die Bundesrepublik Deutschland völkerrechtlich verpflichten. Die Gegenargumente *Bleckmanns* sind nicht stichhaltig (vgl. unten S. 82 f.). Wenn man mit *Bleckmann* bis zum Ende gehen wollte, dann müßte dieses Verwaltungsabkommen, um auch im deutschen Recht wirksam zu werden, durch ein deutsches Gesetz transformiert werden. Ein solches Gesetz hat die Bundesrepublik Deutschland nicht erlassen. Dieses Verhalten der Bundesrepublik kann in zweierlei Weise ausgelegt werden. Folgte man *Bleckmann*, hätte sie auf diese Weise eine völkerrechtliche Verpflichtung gegenüber den anderen Mitgliedstaaten gebrochen. Folgt man meiner Ansicht, dann hätte sie von der Erlassung eines solchen Gesetzes Abstand genommen, weil sie dies deshalb für überflüssig gefunden hätte, weil dieses möglicherweise bestehende Abkommen nichts anderes getan hätte, als den Inhalt der Ziffer 5 korrekt auszulegen, daß nämlich die deutschen Gerichte dadurch überhaupt keine Gerichtsbarkeit über die ständigen Beamten der Eurocontrol verlieren hätten können, weil diese Gerichte niemals eine solche Zuständigkeit besessen hätten.

Die Bundesrepublik Deutschland hätte die Erlassung eines solchen Gesetzes auch aufgrund meiner Hilfserwägung über das Vorliegen von estoppel für überflüssig halten können. Wenn nun die deutschen Gerichte vor der Möglichkeit stehen, ein Verhalten der Bundesrepublik Deutschland in verschiedener Weise auszulegen, dann müßten diese Gerichte die Auslegung wählen, die der Bundesrepublik Deutschland keine Verletzung von Verpflichtungen zumuten würde, die diese im Völkerrecht übernommen hat[141].

In jedem Fall wären die deutschen Gerichte unzuständig, das Eurocontrol-Übereinkommen in einem Streit zwischen der Bundesrepublik und Eurocontrol oder einem ihrer Mitgliedstaaten auszulegen. Solche Streitfälle fallen gemäß Artikel 33 des Übereinkommens in die Zuständigkeit des dort erwähnten Schiedsgerichts. Dieses aber würde nur auf die Erfüllung der im Völkerrecht übernommenen Verpflichtungen der Bundesrepublik achten und nicht auf ihre allfällige Einfügung in innerstaatliches Recht.

141 *Frowein*, S. 136 und 140.

Im übrigen könnte im deutschen Recht ein nach unserer eigenen Auslegung gar nicht erforderliches Recht der Eurocontrol-Kommission, die Ziffer 5 des Zeichnungsprotokolls implicite durch die Annahme des Artikels 93 des Personalstatuts unanwendbar werden zu lassen, auf folgende Argumente gestützt werden: In seinem ersten Absatz stellt das Zeichnungsprotokoll klar, daß es gegenüber dem Übereinkommen einschließlich der Satzung der Agentur einen geringeren Stellenwert hat. Es wird dort nämlich gesagt, daß die unterzeichneten Bevollmächtigten „reconnaissent s'être mis d'accord sur les déclarations ci-après". Dies bedeutet, daß eine gleiche Vereinbarung getroffen werden könnte, um das Übereinkommen anders anzuwenden, falls auch diese Vereinbarung einstimmig getroffen werden sollte, was hier der Fall ist. Das Protokoll legt das Übereinkommen nach seinem ursprünglichen Text aus, aber dieser kann gemäß Artikel 34 des Übereinkommens abgeändert werden (vgl. übernächster Abs.).

Es handelt sich bei diesem Zeichnungsprotokoll darum, das Übereinkommen in seinem Verhältnis zwischen den Mitgliedstaaten auszulegen. Im Streitfall könnte ein Mitgliedstaat die Angelegenheit vor das im Artikel 33 des Übereinkommens vorgesehene Schiedsgericht bringen, das Personal der Agentur könnte sich aber auf diese Bestimmungen des Zeichnungsprotokolls nicht berufen.

Wie dem auch sei, Artikel 34 Absatz 1 und 2 des Übereinkommens ermächtigt die Kommission bei Einstimmigkeit ihrer Mitglieder, die Satzung der Agentur, insbesondere deren Artikel 14 und 15 zu ändern, die die Rechtsgrundlage für die Erlassung des Personalstatuts der Agentur bilden. Wenn man mit *Bleckmann* annehmen wollte, was wir aber für falsch halten, daß die Ziffer 5 des Zeichnungsprotokolls sich auch auf Artikel 14 und 15 der Satzung der Agentur beziehen sollte, dann muß man auch zugestehen, daß die Kommission durch einstimmigen Beschluß nicht nur die Artikel 14 und 15 der Satzung, sondern auch die Ziffer 5 des Zeichnungsprotokolls abändern könnte. Diese Bestimmung könnte keinen höheren Rang als das Statut der Agentur (Annexe 1 des Übereinkommens) haben, auf den sie sich nach *Bleckmann* beziehen soll. Gleich dem Zeichnungsprotokoll ist ja auch dieser Annexe 1 mit Zustimmung der Parlamente angenommen worden.

Anders ausgedrückt — die Kommission hätte durch einstimmigen Beschluß dem Verwaltungsgericht der ILO eine ausschließliche Gerichtsbarkeit dadurch verschaffen können, daß sie dem Artikel 14 der Satzung der Agentur einen weiteren diesbezüglichen Absatz eingefügt hätte. Damit wäre die Ziffer 5 des Zeichnungsprotokolls hinfällig gewesen.

Der Umstand, daß die Kommission die ausschließliche Gerichtsbarkeit des Verwaltungsgerichts zunächst im Personalstatut und sodann im Abkommen mit der ILO durch einstimmigen Beschluß vorsah, stellt daher keineswegs eine Ermessensüberschreitung der Kommission dar, die die Gerichte nicht hinzunehmen hätten. Die Kommission hatte ja auf alle Fälle gemäß Artikel 34 des Übereinkommens das Recht, diese Zuständigkeit zu begründen. In dem tatsächlich gewählten Weg lag höchstens eine juristische Ungeschicklichkeit, wie sie in internationalen Organisationen häufig dadurch entsteht, daß wichtige Entscheidungen von Technikern und nicht immer entsprechend dem Rat der Juristen getroffen werden, wobei die Herkunft der Juristen aus verschiedenen Rechtskreisen eine weitere Fehlerquelle bilden kann.

Wir möchten noch unterstreichen, daß aufgrund des 1. Absatzes des Artikels 34 des Übereinkommens die Satzung der Agentur „im Hoheitsgebiet der Vertragsparteien gültig und rechtswirksam ist". Die Änderungen, die die Kommission einstimmig an der Satzung der Agentur vorgenommen hat, sind daher im innerstaatlichen Recht der Bundesrepublik Deutschland rechtswirksam. Dies muß auch für die Maßnahmen gelten, die die Kommission aufgrund eben dieser Satzung, insbesondere hinsichtlich der Rechte und Pflichten des Personals vorgenommen hat.

Nach *Bleckmann* (S. 93) steht die Verordnung vom 29. 8. 1979[142] über die Freistellung der Eurocontrol-Bediensteten von der deutschen Sozialversicherungspflicht offenkundig in Widerspruch mit Ziffer 5 des Zeichnungsprotokolls, also mit einer Regel, die durch das deutsche Zustimmungsgesetz in ein deutsches Gesetz transformiert worden ist. In Wirklichkeit besteht aber überhaupt kein Widerspruch zwischen dem Gesetz, das die Grundlage für die Verordnung vom 29. 8. 1979 bildet, und der Ziffer 5 des Zeichnungsprotokolls, wenn man diese Vorschrift richtig auslegt. Überdies konnte dieses Gesetz vom 22. Juni 1954[143] erst nach einer Neufassung im Jahre 1964 als Grundlage für Verordnungen dienen, die internationalen Organisationen Privilegien auf dem Gebiet der Sozialversicherung verleihen. Nach *Schroer*[144] können sich die internationalen Beamten nicht auf eine völkergewohnheitsrechtliche Regel berufen, die sie von der Sozialversicherungspflicht freistellen würde. Derartige Freistellungen finden sich auch nicht in dem Übereinkommen über die Vorrechte und Immunitäten der Sonderorganisationen, das im Anhang zu der ursprünglichen Fassung des Gesetzes vom 22. Juni 1954 veröffentlicht worden ist. Der Artikel 3 dieses Zustim-

[142] Oben Anm. 113.

[143] BGBl. 1954 II 639.

[144] Unterliegen zwischenstaatliche Bedienstete der deutschen Sozial- und Arbeitslosenversicherungspflicht?, Sozialversicherung 22 (1967), S. 68.

mungsgesetzes gestattet allerdings, internationalen Organisationen auch diplomatische Vorrechte und Befreiungen zu gewähren. Nun hat aber erst die Wiener Konvention über das Diplomatenrecht vom 18. 4. 1961[145] in ihrem Artikel 33 den Diplomaten Privilegien hinsichtlich der Sozialversicherungspflicht eingeräumt. Dieser Artikel wurde aber 1961 nicht als Kodifizierung einer Regel des Völkergewohnheitsrechts aufgefaßt, sondern als eine fortschrittliche Fortbildung des Völkerrechts[146]. Die Bundesrepublik Deutschland in diesem Übereinkommen erst am 11. Dezember 1964 beigetreten[147]. Erst von diesem Zeitpunkt an konnte daher der Artikel 3 des Zustimmungsgesetzes in der Fassung des Bundesgesetzes vom 28. Februar 1964[148] eine geeignete Rechtsgrundlage für eine Verordnung bilden, durch die Eurocontrol und ihren Beamten Privilegien hinsichtlich der Sozialversicherungspflicht eingeräumt werden. Diese beiden gesetzgeberischen Akte liegen aber zeitlich später als die Zustimmung des Bundestages zum Zeichnungsprotokoll zum Übereinkommen über Eurocontrol, durch die laut *Bleckmann* der Bundestag eine Anerkennung der Immunität von Eurocontrol in Sozialversicherungsangelegenheiten ausgeschlossen haben soll.

Nach *Bleckmann* (S. 93) liegt in der in der Verordnung vom 29. 8. 1979 enthaltenen Freistellung von den materiellrechtlichen deutschen Vorschriften über die Sozialversicherung keine Freistellung von der Gerichtsbarkeit der deutschen Gerichte. Auf Seite 38* seines Gutachtens hat *Bleckmann* aber aus einer Unterwerfung unter das deutsche Sozialversicherungsrecht eine Unterwerfung unter die Gerichtsbarkeit der deutschen Gerichte gefolgert (vgl. dagegen unsere Einwände oben S. 40).

Bleckmann (S. 93) meint sodann, daß die deutschen Gerichte die Vereinbarkeit des Personalstatuts mit dem Eurocontrol-Abkommen überprüfen müßten, nachdem er seiner Ansicht nach in den obigen Ausführungen alle Hindernisse gegen eine solche Überprüfung aus dem Weg geräumt hat. *Bleckmann* bezweifelt schon, ob Eurocontrol überhaupt nach allgemeinem Völkerrecht das Recht hätte, ein Verwaltungsgericht zu errichten. Er verwirft die Ausführungen im Rechtsgutachten des Internationalen Gerichtshofs über das Verwaltungsgericht der Vereinten Nationen[149], die verallgemeinernd jeder Organisation das Recht gewähren, ein Verwaltungsgericht zu errichten. Dieses Rechtsgutachten gibt laut *Bleckmann* nicht den Stand des gegenwärtigen

---

[145] BGBl. 1964 II, 957.

[146] *Cahier*, Le droit diplomatique contemporain (2. Aufl. 1964), S. 302.

[147] BGBl. 1965 II, 147.

[148] BGBl. 1964 II, 187.

[149] Oben Anm. 114.

Völkerrechts wieder, weil von den 15 daran beteiligten Richtern vier ein Sondervotum abgegeben haben (S. 94).

Selbst wenn man zugeben wollte, daß eine Organisation ein Recht habe, ein eigenes Verwaltungsgericht zu errichten, so folge daraus noch nicht, daß sie auch das Recht habe, ihre dienstrechtlichen Streitigkeiten dem Verwaltungsgericht einer anderen Organisation zu unterbreiten (S. 94 - 95). Dennoch ist dies die Praxis von nicht weniger als 21 internationalen Organisationen, die mehr als 30 000 Beamten beschäftigen und nur zum Teil mit den Vereinten Nationen oder der ILO in näherer Verbindung stehen.

Die Ziffer 5 des Zeichnungsprotokolls könnte laut *Bleckmann* (S. 95) einer Regel des Völkergewohnheitsrechts derogieren. Dieser Gedanke ist an und für sich zutreffend, wir glauben aber, das Bestehen einer Regel des allgemeinen Völkerrechts nachgewiesen zu haben, daß Eurocontrol dienstrechtliche Streitigkeiten einem internationalen Verwaltungsgericht unterbreiten kann. Wenn die Ziffer 5 des Zeichnungsprotokolls tatsächlich eine Ausnahme von dieser allgemeinen Regel schaffen will, müßte sie einengend ausgelegt werden.

Bleckmann (S. 94 und 95) betont, daß „Artikel 13 und 14" (recte 14 und 15) der Satzung der Agentur, die diese zum Erlaß des Personalstatuts ermächtigen, den gleichen Rang hätten, wie Ziffer 5 des Zeichnungsprotokolls. Diese These ist schon deshalb zweifelhaft, weil die Aufnahme einer Bestimmung bloß in ein Zeichnungsprotokoll unweigerlich eine Art capitis diminutio darstellt. Selbst wenn man aber diese Ansicht teilen wollte, käme auch abgesehen von den Erwägungen oben Seite 79 den Artikeln „13 und 14" der Satzung der Agentur ein Vorrang zu, weil sie von der Ausnahme, die dann Ziffer 5 darstellen würde, auf die allgemeine Regel zurückweisen.

Auf Seite 96 wiederholt *Bleckmann* wiederum seine von ihm selbst auf Seite 49 bestrittene Ansicht, daß die Mitgliedstaaten einer Organisation, auch wenn sie gemeinsam handeln, den Gründungsvertrag der Organisation nur im Einkang mit den darin enthaltenen Änderungsbestimmungen abändern könnten. *Bleckmann* beruft sich dabei auf das Rechtsgutachten des Internationalen Gerichtshofs zur Aufnahme neuer UN-Mitglieder[150], demzufolge die Generalversammlung der UN nur aufgrund einer Empfehlung des Sicherheitsrates neue Mitglieder aufnehmen darf. Dieses Rechtsgutachten beweist insoweit gar nichts, denn eine Stimmabgabe der Generalversammlung zugunsten der Aufnahme neuer Mitglieder wäre im Hinblick auf die Haltung der sozialistischen Staaten niemals einstimmig gewesen.

---

[150] ICJ Reports 1950, S. 4.

Auf Seite 96 bis 99 wendet sich *Bleckmann* gegen die Auslegung des Rechts der Europäischen Gemeinschaften durch „subsequent practice" — aber Eurocontrol ist doch kein Bestandteil der Europäischen Gemeinschaften. Zumindest in den klassischen internationalen Organisationen von der Art der Eurocontrol ist die Auslegung nach subsequent practice aber zugelassen. Selbst eine auf einen Einzelfall beschränkte Übung hat diese Wirkung[151].

Die Berufung auf *Verdross / Simma* (*Bleckmann* S. 98, Anm. 205) geht fehl. Die Verfasser sprechen an keiner Stelle ihres Buches von der Notwendigkeit, die Rechtsgrundsätze über die faktische Gesellschaft ins Völkerrecht und auf internationale Organisationen zu übertragen.

Auf Seite 101 kommt *Bleckmann* auf den Gedanken zurück, daß sich die Mitgliedstaaten durch Selbstbindung verpflichtet hätten, das Eurocontrol-Recht nur satzungskonform zu ändern. *Bleckmann* vergleicht (S. 97, 100) den Beschluß des Abkommens mit der ILO mit der einstimmigen Verabschiedung von Resolutionen der Generalversammlung der Vereinten Nationen. Trotz einstimmigen Zustandekommens würden solche Resolutionen keine völkerrechtlichen Pflichten begründen können. Wenn man im Rahmen des Rechtes der Vereinten Nationen bleibt, dann ist dies allerdings die Rechtsfolge aus Artikel 12 der Satzung der Vereinten Nationen. Wie wäre aber die Lage, wenn man sich außerhalb dieses Rechts stellen wollte? Was das Abkommen mit der ILO betrifft, so ist dieses durch die subsequent practice sowohl der Eurocontrol selbst als auch aller ihrer Mitgliedstaaten als bindende Rechtsregel anerkannt und angewandt worden. Das dürfte aber selbst bei einstimmig angenommenen Resolutionen der Generalversammlung der Vereinten Nationen kaum der Fall sein.

Zur Verteidigung des Gedankens der Selbstbindung beruft sich *Bleckmann* (S. 101) darauf, daß das britische Parlament seine Souveränität auf diese Weise beschränken könnte. Anläßlich des Beitritts Großbritanniens zur EWG ist die Möglichkeit einer solchen Selbstbindung in Großbritannien aber heftig bestritten worden. Die englischen Gerichte haben sich geweigert, diese Frage zu beantworten, solange nicht tatsächlich eine Willensäußerung der Parlamentsmehrheit vorläge, Großbritannien aus den Europäischen Gemeinschaften wieder herauszuführen[152].

---

[151] *E. Lauterpacht*, RdC 152 (1976 IV), S. 457, unter Berufung auf das Rechtsgutachten des IGH über die Zulassung neuer UN-Mitglieder, ICJ Reports 1947 - 48, S. 63, und die Entscheidung eines Schiedsgerichts über die Auslegung der Satzung der UNESCO, Ann. Dig. 16 (1949), S. 335.

[152] Blackburn v. Attorney General, Court of Appeals 1971, Europarecht 1971, S. 267.

Auf Seite 102 wiederholt *Bleckmann* seine These, daß Artikel 24 GG einen Souveränitätsverzicht nur zugunsten der Europäischen Gemeinschaften oder anderer Organisationen enthält, die vergleichbare Strukturen haben (vgl. oben S. 63).

Laut *Bleckmann* (S. 104) sollte es offenkundig sein, daß die Billigung des Abkommens mit der ILO grundgesetzwidrig sei (vgl. oben S. 63 und 68).

Bleckmann (S. 105) bestreitet, daß das Personalstatut in deutsches Recht hätte transformiert werden können, da es sich dabei um einen einseitigen Akt von Eurocontrol gehandelt habe. Unserer Auffassung nach (unten S. 85) besteht kein Zweifel daran, daß das Personalstatut aufgrund der Bestimmungen der Artikel 14 und 15 der Satzung der Agentur in Verbindung mit Artikel 34 Abs. 1 des Übereinkommens in deutsches Recht transformiert worden sind. *Bleckmann* (S. 105) gibt zu, daß er in anderen Zusammenhängen selbst diese Lösung vertreten habe, die er aber jetzt als rein spekulativ bezeichnet. Mir ist unerklärlich, wie *Bleckmann* von diesem Ausgangspunkt aus zu der von ihm vorgeschlagenen Lösung kommen kann, daß nämlich die deutschen Verwaltungsgerichte das Personalstatut, abgesehen von seinem Artikel 93, anwenden sollen. *Bleckmann* (S. 106, vierter Abs.) bestreitet, daß Artikel „13 und 14" der Satzung eine solche Transformation bedeuten könnten. Eine unbegrenzte Transformation der Akte von internationalen Organisationen bestünde nur im Rahmen des Artikels 24 GG für supranationale Gemeinschaften. Wie aber oben (oben S. 63) schon ausgeführt, bezieht sich Artikel 24 GG auf alle internationalen Organisationen.

Überdies hat *Bleckmann* (S. 106) Bedenken wegen des zu unbestimmten Inhalts der Artikel „13 und 14" der Satzung. *Bleckmann* spielt damit auf Artikel 80 GG an, demzufolge Verordnungsermächtigungen Inhalt, Zweck und Ausmaß der erteilten Ermächtigung bestimmen. Artikel 80 GG kann aber auf internationaler Ebene keine Anwendung finden, wie dies das Bundesverfassungsgericht auf einen Vorlagebeschluß des Finanzgerichts Rheinland-Pfalz hin klargestellt hat[153].

Nach Bleckmann (S. 107) würde selbst dann, wenn Artikel 24 GG auf Eurocontrol anwendbar wäre, dieser Artikel lediglich einen Verzicht auf primäre Aufgaben der Organisation zulassen (vgl. oben S. 63). Was die Transformation des sekundären Rechts einer Organisation in deutsches Recht betrifft, so könne eine solche nach *Bleckmann* nur stattfinden, wenn die Sazung der Organisation eine ausdrückliche diesbezügliche Regel enthält, wie zum Beispiel Artikel 189 EWG. Nun sieht aber Artikel 24 GG ganz allgemein vor, daß der Bund durch Gesetz

[153] BVerfG 14. 11. 1963, RIW/AWD 1964, S. 26.

Hoheitsrechte auf zwischenstaatliche Einrichtungen übertragen kann. Grundsätzlich gehört das Recht, Verordnungen mit Wirkung für die Bundesrepublik Deutschland zu erlassen, zu den Hoheitsrechten dieses Staates. Ihre Übertragung an eine internationale Organisation gibt dieser daher das Recht, Verordnungen mit gleicher Wirkung zu erlassen. Wenn Artikel 24 GG dieses Recht in dem von *Bleckmann* vertretenen Sinn hätte einschränken wollen, hätte er dies ausdrücklich sagen müssen. Da dies aber nicht geschehen ist, wird auf diese Weise jede Regel des sekundären Rechts einer Organisation, die ihrem Inhalt nach unmittelbarer Anwendung fähig wäre, auf diese Weise in deutsches Recht transformiert. Artikel 189 EWG dient ebenso wie Artikel 34 des Eurocontrol-Übereinkommens lediglich der Klarstellung dieser Anwendbarkeit im innerstaatlichen Recht.

Dies ist auch die Auffassung des Bundesverfassungsgerichtes. In dem gegenständlichen Fall handelte es sich dabei um die Bindungswirkung einer Entscheidung des Gerichtshofs der Europäischen Gemeinschaften im deutschen Recht. Das Bundesverfassungsgericht hat diese Wirksamkeit in allgemein gültigen Worten bejaht, ohne sich irgendwie auf Artikel 189 und 177 EWG zu berufen. Das Bundesverfassungsgericht hat hier ausgeführt[154]: „Artikel 24 Absatz 1 GG besagt bei sachgerechter Auslegung nicht nur, daß die Übertragung von Hoheitsrechten auf zwischenstaatliche Einrichtungen überhaupt zulässig ist, sondern auch, daß die Hoheitsakte ihrer Organe ... vom ursprünglich ausschließlichen Hoheitsträger anzuerkennen sind."

Auf Seite 107 und 108 verwirft *Bleckmann* den Gedanken, das Band zwischen der Organisation und ihren Beamten als dem Privatrecht unterstehend anzusehen, was dann dazu führen würde, Artikel 93 des Personalstatuts als eine Schiedsklausel oder als die Vereinbarung eines ausländischen Gerichtsstandes anzusehen. Gegen diesen Gedanken wendet *Bleckmann* ein, daß die Wahl eines ausländischen Gerichtsstandes bei öffentlich-rechtlichen Verträgen nicht zulässig sei. Er vergißt dabei, daß die diesbezüglichen Bestimmungen der deutschen Zivilprozeßordnung sich nur auf Verträge beziehen können, die dem *deutschen* öffentlichen Recht zuzuordnen sind.

Bleckmann (S. 107) zweifelt überdies daran, ob die Beamten sich durch Vertrag überhaupt künftigen Abänderungen des Personalstatuts unterwerfen können. Auf Seite 67 hat er aber selbst den diesbezüglichen Präzedenzfall des Völkerbundes zitiert, der von einer solchen Unterwerfung ausging[155]. Insoweit überdies das Eurocontrol-Personal

---

[154] BVerfGE 31, 145 (174).

[155] *Seyersted,* Jurisdiction over Organs and Officials of States, the Holy See and Intergovernmental Organizations, ICLQ 14 (1965), S. 500 - 501.

nach dem Ende der Anlaufzeit direkt in den Dienst der Eurocontrol trat, war es von Anfang an an das Personalstatut gebunden, für diesen Personenkreis kam es zu keiner späteren Änderung ihrer Rechtslage. Nach *Bleckmann* (S. 107 - 108) würde der Abschluß eines solchen privatrechtlichen Vertrages schließlich auch deshalb nichtig sein, weil er in der Absicht geschlossen würde, die Anwendung einer Regel des deutschen Rechts, nämlich der Ziffer 5 des Zeichnungsprotokolls, auszuschließen. In diesem Fall müßte aber jeder Vertrag mit einer Schiedsklausel oder mit einer Klausel über die Wahl eines ausländischen Gerichtsstandes, durch die die deutsche Gerichtsbarkeit ausgeschlossen wäre, nichtig sein. Auf Seite 107 und 108 bezweifelt *Bleckmann* nochmals die Transformation des Personalstatuts in deutsches Recht (vgl. dagegen oben S. 85).

F. Zuständigkeit ratione materiae

Leitgedanken *Bleckmanns*

Nach *Bleckmann* (S. 109 - 110) müssen die deutschen Gerichte aufgrund Artikel 19 Absatz 4 GG zuständig bleiben, jeden Akt der öffentlichen Gewalt auf seine Vereinbarkeit mit dem GG zu überprüfen, ohne Rücksicht darauf, ob es sich dabei um Akte einer deutschen oder ausländischen öffentlichen Gewalt (ausländischer Staat, internationale Organisation) handele, es sei denn, daß dem die völkerrechtlichen Regeln über die Immunität engegenstünden. Diese Regeln müßten ihrerseits einschränkend so ausgelegt werden, daß die schlicht hoheitlichen Akte, die Grauzone, nicht durch die Immunität gedeckt seien.

Grundsätzliche eigene Stellungnahme

Die deutschen Gerichte sind ratione materiae unzuständig, auf diese Weise Akte einer nicht deutschen öffentlichen Gewalt zu überprüfen, selbst wenn dem die Regeln über die Immunität nicht entgegenstünden.

Einzelbemerkungen

Bis zu diesem Kapitel ging *Bleckmann* davon aus, daß die Ansprüche der Bediensteten gegen Eurocontrol privatrechtliche Ansprüche seien, die nach deutschem Recht in die Zuständigkeit der deutschen Zivilgerichte fallen würden. Wie wir aber schon oben ausführten (oben S. 62), müßten diese Gerichte in diesem Fall den Artikel 93 des Personalstatuts als eine Schiedsklausel oder als eine Klausel zur Wahl eines ausländischen Gerichtsstandes respektieren.

Wir möchten darauf hinweisen, daß das Luxemburger Schiedsgericht über Streitigkeiten zwischen Arbeitgebern und Privatangestellten es am 21. 1. 1960 abgelehnt hat, über eine Klage zu entscheiden, die eine Beamtin der Europäischen Parlamentarischen Versammlung gegen diese Versammlung eingebracht hatte. Das Schiedsgericht hielt sich für unzuständig, da es sich im gegenständlichen Fall um einen öffentlich-rechtlichen Vertrag handele[156] (vgl. oben S. 66). Auch die Anstellungsverträge, die die EGKS vor der Verabschiedung des Beamtenstatuts mit ihren Bediensteten abschloß, sind vom Gerichtshof der Europäischen Gemeinschaften als öffentlich-rechtliche Verträge angesehen worden[157].

Hilfsweise hat *Bleckmann* (S. 24, 109) die Ansicht vertreten, daß es sich bei den Ansprüchen der Eurocontrol-Beamten um öffentlich-rechtliche Ansprüche handeln könnte. Insoweit bestreitet *Bleckmann* eine Immunität von Eurocontrol. Nach seiner Entdeckung der Relevanz der Grauzone handele es sich hier ja um keine acta jure imperii (vgl. unsere Widerlegung dieser Ansicht oben S. 61). In dem von *Bleckmann* angenommenen Fall bliebe seiner Ansicht nach lediglich zu entscheiden, ob die gegenständlichen Streitfälle in die Zuständigkeit der deutschen Verwaltungsgerichte oder der deutschen Arbeitsgerichte fallen sollten.

Auf Seite 109 - 110 behauptet *Bleckmann*, daß nach* Artikel 19 Absatz 4 GG der* Rechtsweg zu den deutschen Gerichten für jeden auf deutschem Boden gesetzten Akt einer öffentlichen Gewalt offenstehen müsse, selbst wenn diese Akte keine Akte deutscher Behörden seien. Diese Ansicht *Bleckmanns* wird von der deutschen Staatsrechtslehre nicht geteilt. Auf Seite 62 - 63 Absatz bb) verweist schließlich *Bleckmann* ja selbst auf den Grundsatz, daß die Verwaltungsgerichte eines Staates nur zur Beurteilung des Verwaltungshandeln dieses Staates zuständig seien und nur ihr eigenes öffentliches Recht und nicht ein ausländisches öffentliches Recht anwenden können. Diese Ansicht stimmt mit derjenigen von *Leibholz / Rupprecht*[158] überein, nach der das Bundesverfassungsgericht nur über Akte deutscher Behörden urteilen kann. Das Bundesverfassungsgericht kann weder öffentliche Akte eines ausländischen Staates[159] noch der Besatzungsmächte[160] oder zwischenstaatlicher Organisationen[161] beurteilen. Das Bundesverfassungsgericht selbst

---

[156] Siehe oben Anm. 65.
[157] Aff. 1/55, 18. 7. 1955, Kergall, Slg. 2, S. 24, ILR 23, S. 628.
[158] Bundesverfassungsgerichtsgesetz, Anm. 25 zu § 90, S. 316/317.
[159] BVerfGE 1, 10 (11) (CSSR) und BVerfGE 6, 290 (295) Schweiz.
[160] BVerfGE 1, 10 (11).
[161] BVerfGE 22, 293 (297) EWG.

begrenzt seine Zuständigkeit auf die Prüfung der Akte der deutschen öffentlichen Gewalt unter Ausschluß jedes Aktes einer nicht deutschen öffentlichen Gewalt, selbst derjenigen einer Organisation, der die Bundesrepublik Deutschland als Mitglied angehört[162].

Zur Stütze seiner Ansicht einer ausdehnenden Auslegung des Artikels 19 Absatz 4 GG beruft sich *Bleckmann* (S. 110) darauf, daß die deutschen Verwaltungsgerichte für Rechtsstreitigkeiten von Kirchenbeamten gegen ihre Kirchen zuständig seien. Die deutschen Kirchenrechtslehrer[163], auf die sich *Bleckmann* (S. 110) beruft, erklärten diese Gerichtsbarkeit aber aus der Tatsache, daß in der Bundesrepublik Deutschland die vom Staat anerkannten Kirchen *deutsche* öffentlich-rechtliche Körperschaften seien und als *solche* unter Artikel 19 Absatz 4 GG fielen. Die Ausdehnung dieser Gerichtsbarkeit auf diese Kirchen könnte also nicht zur Begründung einer Gerichtsbarkeit über Eurocontrol führen, die gewiß keine deutsche öffentlich-rechtliche Körperschaft ist.

Bleckmann (S. 110) beruft sich sodann auf den Grundsatz der strukturellen Kongruenz[164]. Nach diesem Grundsatz könnte die Bundesrepublik Hoheitsrechte nur an solche internationale Organisationen übertragen, deren Grundstrukturen denjenigen der Bundesrepublik Deutschland entsprechen. Daraus erkenne man das Bestehen eines Interesses der Bundesrepublik Deutschland, daß auch internationale Organisationen, soweit sie in Deutschland tätig werden, die Grundgedanken der deutschen Verfassung, insbesondere die Rechtsstaatlichkeit, achten müßten. Der Grundsatz der strukturellen Kongruenz war insbesondere in seiner Anwendung auf die Europäischen Gemeinschaften stark umstritten (vgl. oben S. 88). Auf alle Fälle befriedigt aber die Unterwerfung der Eurocontrol unter die Gerichtsbarkeit des Verwaltungsgerichts der ILO diese Forderung, was übrigens *Bleckmann* selbst auf Seite 115 zugibt.

Auf Seite 110 will *Bleckmann* eine Gerichtsbarkeit deutscher Gerichte über Eurocontrol aus der von ihm behaupteten Tatsache folgern, daß sich das Bundesverfassungsgericht an der rechtsstaatlichen Kontrolle auch fremder Hoheitsgewalt, insbesondere der Akte der Besatzungsmächte interessiert gezeigt habe. In Wahrheit war und ist das

---

162 BVerfGE 22, 293 (297) EWG.

163 *K. Hesse*, Der Rechtsschutz durch staatliche Gerichte im kirchlichen Bereich (1956) S. 85; ähnlich *A. v. Campenhausen*, Staatskirchenrecht (1973), S. 176, 184.

164 Einerseits *Erler / Thieme*, Das Grundgesetz und die öffentliche Gewalt internationaler Staatengemeinschaften, VVDSTRL 18 (1959) S. 46 bz. 78, andererseits *J. H. Kaiser / Badura*, Bewahrung und Veränderung demokratischer und rechtsstaatlicher Verfassungsstruktur in den internationalen Gemeinschaften, VVDSTRL 23 (1964), S. 31 bzw. S. 29.

Bundesverfassungsgericht aber nicht berechtigt, die Verfassungsmäßigkeit von Akten der Besatzungsmächte zu überprüfen (vgl. oben S. 86*)[165]. Die Entscheidungen, auf die sich *Bleckmann* stützt[166], stellten lediglich fest, daß das Bundesverfassungsgericht es für besser hielt, wenn die deutschen Behörden bei Verhandlungen mit den Besatzungsbehörden Lösungen erzielen, die wenigstens Teile der Rechte der Besatzungsmächte an die Bundesrepublik übertragen, als daß die Bundesrepublik jede solche Vereinbarung ablehnte, außer wenn ihr alle gegenständlichen Rechte in voller Übereinstimmung mit dem Grundgesetz übertragen würden.

Aufgrund dieser mehr als schwachen Argumente kommt *Bleckmann* (S. 110) zu dem Schluß, daß das Rechtsstaatsprinzip es erfordere, den gegenständlichen Fall der Gerichtsbarkeit deutscher Gerichte zu unterstellen. Die Ausübung einer solchen Gerichtsbarkeit sei um so weniger anstößig als im gegenständlichen Fall diese Gerichte kein ausländisches öffentliches Recht, sondern statt dessen analog deutsches bürgerliches Recht anzuwenden hätten.

G. Zur Rechtsstaatlichkeit des Verwaltungsgerichts der ILO

Leitgedanken *Bleckmanns*

Bleckmann bestreitet die Rechtsstaatlichkeit der Gerichtsbarkeit des Verwaltungsgerichts der ILO.

Grundsätzliche eigene Stellungnahme

Auf Seite 115 scheint *Bleckmann* selbst die Stichhaltigkeit seiner Argumente zu widerlegen, da er dort mit Recht den Gedanken ablehnt, daß der Aufbau einer internationalen Organisation in allen seinen Details dem deutschen Rechtsstaatsprinzip entsprechen müsse. Am Ende dieses Absatzes kommt er dennoch wieder grundsätzlich auf diese Forderung zurück.

Die Rechtsstaatlichkeit des Verwaltungsgerichts der ILO ist sowohl vom Internationalen Gerichtshof[167], als auch vom Verwaltungsgerichtshof Baden-Württemberg bestätigt worden, bei letzterem gerade im Zu-

---

[165] BVerfGE 1, 10 (11) und BVerfG 9. 12. 1970, BVerfGE 29, 348 (365).

[166] Saarurteil BVerfGE 3, 157 (168), sowie JEIA Fall BVerfGE 14, 1 (7) und Besatzungsschädenfall BVerfGE 27, 253 (282), die dem Saarurteil folgen.

[167] ICJ Reports 1956, S. 77, S. 85 - 86.

sammenhang mit einem die Eurocontrol betreffenden Streitfall[168]. Das Bundesarbeitsgericht[169] hat ein in jeder Hinsicht vergleichbares internationales Verwaltungsgericht (das Appeals Board der ESRO) als ein den rechtsstaatlichen Anforderungen des GG entsprechendes Gericht betrachtet.

Einzelbemerkungen

Bleckmann (S. 111) beruft sich wieder auf den Grundsatz der strukturellen Kongruenz. Das Verwaltungsgericht der ILO könne nicht als ein echtes, den deutschen Verwaltungsgerichten vergleichbares Verwaltungsgericht betrachtet werden. Er gibt hierfür mehrere Gründe an, obwohl er auf Seite 115 unter III zugesteht, daß das Verwaltungsgericht der ILO dennoch dem deutschen Rechtsstaatsprinzip genüge im Hinblick auf die Tatsache, daß es unmöglich sei, das deutsche Rechtsstaatsprinzip in allen seinen Details in internationalen Organisationen anzuwenden, da die internationale Regelung den internationalen Beziehungen adäquat sein müsse.

Auf den letzten Zeilen dieser Seite erhebt *Bleckmann* dann doch rechtsstaatliche Bedenken, die er eben noch als unstichhaltig erkannt hatte. Er kommt auf seine Idee zurück, daß Ziffer 5 des Zeichnungsprotokolls zumindest auch auf den Willen der Staaten beruhte, dieses Rechtsstaatsprinzip nicht zu verletzen. Daher müsse man auch aus rechtsstaatlichen Gründen jede Aufhebung einer solchen Bestimmung mit Vorsicht begegnen. Unserer Ansicht nach muß diese Vorschrift im vorliegenden Rechtsstreit gar nicht aufgehoben, sondern nur richtig ausgelegt werden.

Das wahre Motiv für die Aufnahme der Ziffer 5 in das Zeichnungsprotokoll war der Wunsch der Mitgliedstaaten, während der Anlaufzeit die Gerichtsbarkeit über das der Eurocontrol zur Verfügung gestellte Personal sicherzustellen, und zwar bis zu dem Zeitpunkt, in dem die Gerichtsbarkeit des Verwaltungsgerichts der ILO auf ein Personal erstreckt wurde, das in diesem Zeitpunkt von Eurocontrol in ein direktes Dienstverhältnis aufgenommen bzw. übernommen wurde. Rechtsstaatliche Gedanken haben daher bei der Aufnahme der Ziffer 5 tatsächlich eine gewisse Rolle gespielt. Es lag hier aber gewiß kein Mißtrauen gegen das Verwaltungsgericht der ILO zugrunde.

Bleckmann (S. 112) glaubt, daß dem Verwaltungsgericht der ILO eine Überprüfung der aus dem deutschen Sozialversicherungsrecht fließenden Verpflichtungen von Eurocontrol nicht zustünde, die aufgrund

---

[168] 7. 8. 1979, NJW 1980, S. 540.

[169] BAG 25. 1. 1973, Arbeitsrechtliche Praxis DVA 3.

Artikel 85 des Personalstatuts für Eurocontrol anwendbar seien. Wenn aber Eurocontrol auf diese Weise tatsächlich verpflichtet ist, diese deutschen Regelungen zu beachten, sehe ich keinen Grund, weshalb das Verwaltungsgericht der ILO nicht ebenfalls die Anwendung dieser Regeln überprüfen und sie in gleicher Art wie ein deutsches Gericht auslegen könnte.

Bleckmann (S. 112) weist demgegenüber darauf hin, daß das Verwaltungsgericht der ILO nur die allgemeinen Rechtsgrundsätze, die dem Beamtenrecht der Mitgliedstaaten gemeinsam seien, anwenden könne. Ich glaube jedoch, daß im Fall einer direkten Verweisung auf ein nationales Recht, wie sie Artikel 85 des Personalstatuts darstellt, das Verwaltungsgericht der ILO seine Entscheidung sehr wohl auf das in einer solchen Bestimmung für anwendbar erklärte nationale Recht stützen kann. Das Verwaltungsgericht der Vereinten Nationen hat sehr wohl den Begriff eines „versorgungsberechtigten Kindes" im Personalstatut der FAO in einem Fall, der einen italienischen Beamten der FAO betraf, unter Bedachtnahme auf die einschlägige italienische Gesetzgebung und die Entscheidung eines italienischen Gerichtes entschieden[170].

Aus der Tatsache, daß das Verwaltungsgericht der ILO im allgemeinen tatsächlich die allgemeinen Rechtsgrundsätze des Beamtenrechtes anwendet, kommt *Bleckmann* zu der überraschenden Schlußfolgerung, daß es deshalb kein rechtsstaatliches* Gericht sei. Die von ihm angewendeten Regeln seien zu unvollständig, das Verfahren komme daher einem Lotteriespiel gleich. Die Vorhersehbarkeit der rechtlichen Entscheidungen seien nicht gesichert. Überdies sei die Rechtsprechung der internationalen Verwaltungsgerichte meist nicht veröffentlicht. Auf diese Weise könnten sich einheitliche Regeln des Völkerrechts, die dem Kläger zugänglich sind, nicht bilden. Auf diese (S. 112 - 113) und ähnliche kritische Bemerkungen *Bleckmanns* auf Seite 73 Anmerkung 139 ist zunächst zu erwidern, daß internationale Verwaltungsgerichte seit 1927 bestehen und jährlich mehr als hundert Entscheidungen fällen, die in amtlichen Sammlungen veröffentlicht werden. Alle wichtigeren Entscheidungen werden auch in den International Law Reports veröffentlicht und im Annaire Français de Droit International und im Clunet eingehend kommentiert. Gewiß gibt es über diese Entscheidungen nicht soviel Literatur wie für innerstaatliche Gesetzeswerke und Entscheidungen, es gibt aber doch eine beachtliche Zahl von einschlägigen Werken, so das jüngst erschienene umfassende Werk von *Plantey*, das auch *Bleckmann* (S. 67) zitiert.

---

[170] No. 126, 13. 5. 1969, Salvinelli, AFDI 1969, S. 307, im gleichen Sinn EuGH 17. 5. 1972, Meinhardt, Clunet 1973, 947, Slg. 18, S. 269 (278) u. *Plantey*, S. 60 u. S. 388.

Bleckmann (S. 113) kritisiert sodann, daß die Richter des Verwaltungsgerichts der ILO nur für drei Jahre ernannt würden. Das könnte zur Folge haben, daß sie geneigt seien, zugunsten der Verwaltung zu entscheiden, um ihre Wiederwahl sicherzustellen. Da aber das Verwaltungsgericht der ILO über Streitfälle aus 21 Organisationen entscheidet, dürfte sich der Einfluß der Verwaltungen jeder dieser Organisationen bis zu einem gewissen Grad neutralisieren. Überdies werden diese Richter ja nicht ausschließlich von Regierungsvertretern ernannt, sondern durch die Generalkonferenz der ILO, in die jeder Staat zwei Regierungsvertreter und einen Arbeitgeber- und einen Arbeitnehmervertreter entsendet. Diese Zusammensetzung des Richterwahlkörpers gibt eine zusätzliche Garantie gegen einen zu starken Einfluß der Verwaltungen der verschiedenen Organisationen, deren Politik durch die Entscheidungen der Regierungsvertreter in ihren Generalversammlungen usw. bestimmt seien. Überdies entspricht es der Tradition, daß die Richter nicht abberufen werden und daß das Mandat der einmal gewählten Richter automatisch erneuert wird. Überdies hatten die berufenen Richter in ihren Heimatländern einen Rang, der den Senatspräsidenten von Höchstgerichten vergleichbar ist. Dadurch und durch ihre große Erfahrung in Verwaltungsangelegenheiten wird ihre Unabhängigkeit gegenüber der Verwaltung noch bedeutend verstärkt.

Auf Seite 113 schließt *Bleckmann* aus der von ihm behaupteten Beschränkung der Rechtsquellen, auf welche dieses Gericht zurückgreifen darf, daß ihm eine sachgerechte Entscheidung im gegenständlichen Fall nicht möglich sei. Das Verwaltungsgericht müsse im vorliegenden Fall *notwendig* eine gegen das Rechtsstaatsprinzip verstoßende Justizverweigerung (déni de justice) begehen. Auf Seite 112 10. Zeile von unten bezeichnete er das Risiko einer solchen Rechtsquellenbeschränkung noch als „ungewiß".

Bleckmann (S. 113) wiederholt nochmals seine Ansicht, daß das Rechtsgutachten des IGH, das den rechtsstaatlichen Charakter des Verwaltungsgerichts der ILO bejahte, nicht überzeugend sei, weil es nur von 11 Richtern gegen 4 abweichende Meinungen gebilligt wurde.

Bleckmann (S. 113) bemängelt ferner das Fehlen einer ausdrücklichen Bestimmung über die Rechtskraft der Urteile. Es bestünde daher die Gefahr, daß die Verwaltung von Eurocontrol die Entscheidung des Verwaltungsgerichts der ILO nicht beachte. Nun ergibt sich aber die Verpflichtung der Beachtung dieser Urteile aus Artikel VI (1) des Statuts des Verwaltungsgerichts der ILO in Zusammenhang mit dem Abkommen zwischen Eurocontrol und ILO. Auch der Internationale Gerichtshof geht von dem Gedanken aus, daß eine internationale Organisation verpflichtet ist, sich den Entscheidungen des Verwaltungsgerichts zu unterwerfen[171]. *Ballaloud*[172] weist darauf hin, daß das Verwaltungsgericht der ILO in seiner Entscheidung Nr. 61 vom 4. 9. 1962 in der Sache *Lindsey* dem Kläger Verzugszinsen zuerkannt hat, weil die Verwaltung der ILO das frühere zugunsten des Klägers ergangene Urteil nicht beachtet hatte. Das Verwaltungsgericht hat auf diese Weise die Verpflichtung der Organisation, seine Urteile zu beachten, anerkannt.

Bleckmann kritisiert sodann (S. 113), daß die Verfahrensordnung des Verwaltungsgerichts viel zu summarisch sei. Die entsprechenden deutschen Bestimmungen umfassen hunderte von Paragraphen. Nun gibt es aber verschiedene Rechtssetzungsmethoden, die anglo-amerikanische unterscheidet sich hier stark von der in Deutschland und Frankreich. Es genügt darauf zu verweisen, daß der EFTA-Vertrag mit 44 Artikeln auskommt, der EWG-Vertrag hiergegen 248 Artikel umfaßt.

Auf Seite 114 behauptet *Bleckmann*, daß ein ausschließlich schriftlich geführtes Verfahren den Grundsatz auf rechtliches Gehör (Art. 103 GG) verletze. Der Internationale Gerichtshof hat analoge Bedenken gegen das Verfahren des Verwaltungsgerichts der ILO zurückgewiesen[173].

In Wirklichkeit kann auch das Verwaltungsgericht der ILO ein mündliches Verfahren eröffnen, wenn es ex officio oder auf Antrag einer Partei einen diesbezüglichen Beschluß faßt. Es besteht vor ihm also „ein schriftliches Verfahren mit der Möglichkeit einer mündlichen Verhandlung, die es gestattet, die in den Schriftsätzen dargelegten Argumente wieder aufzunehmen und zu entwickeln und Zeugen zu hören“[174]. Dies entspricht auch dem Verfahren vor dem Gerichtshof der Europäischen Gemeinschaften gemäß Artikel 42 Absatz 2 seiner Verfahrensordnung, die auch bei Entscheidungen in Personalsachen angewendet wird[175]. Nur ausnahmsweise läßt Artikel 42 Absatz 2 Unterabsatz 1 neue Angriffs- und Verteidigungsmittel im Laufe des Verfahrens zu, nämlich dann, wenn sie auf rechtliche oder tatsächliche Gründe gestützt werden, die erst während des schriftlichen Verfahrens zu Tage getreten sind.

Ein solches Neuerungsverbot widerspricht keineswegs der Rechtsstaatlichkeit, schützt aber beide Seiten vor Überraschungseffekten. Es sei ferner darauf hingewiesen, daß vor dem Bundesverfassungsgericht

---

171 IGH Rechtsgutachten vom 13. 7. 1954, ICJ Reports 1954, S. 47 ff., ILR 21, S. 310 (320).

172 Le Tribunal Administratif de l'OIT et sa jurisprudence (1967) S. 61.

173 ICJ Reports 1956, S. 86.

174 TAOIT No. 280, 4. 10. 1976, Reda lt. *Plantey*, S. 441.

175 16. 12. 1960 Fiddelaar, Rec. VI 1079 (1093), lt. *Plantey*, ebd. u. *Günther*, Die Präklusio neuer Angriffs-, Verteidigungs- und Beweismittel im Verfahren vor dem Gerichtshof der Europäischen Gemeinschaften, KSE Bd. 12 (1970), S. 44 u. 74.

zwar grundsätzlich ein mündliches Verfahren vorgesehen ist, daß aber tatsächlich nur 1 % der Fälle dort nach einer mündlichen Verhandlung entschieden werden. In 99 % der Fälle verzichten die Parteien auf die mündliche Verhandlung[176]. Die Parteien scheinen also dem in mündlichen Verhandlungen liegenden rechtsstaatlichen Schutz keine allzu hohe Bedeutung beizumessen.

Bleckmann (S. 114) weist auf die große Entfernung zwischen Karlsruhe und Genf hin, die es einem Kläger fast unmöglich mache, zu seinem Recht zu kommen. Nun ist die Entfernung von Rom, dem Sitz der FAO, nach Genf gewiß größer. In keinem die FAO betreffenden Verfahren ist aber noch jemals dieser Einwand vorgebracht worden. Dieser Einwand paßt keineswegs für das Dienstrecht internationaler Beamten. Wer in den Dienst einer internationalen Organisation tritt, muß damit rechnen, daß deren Tätigkeit sich weit über das Gebiet eines einzigen Staates hinaus erstreckt. Viele internationale Beamte werden häufig mehrere tausend Kilometer von dem für sie zuständigen Verwaltungsgericht ihren Arbeitsplatz haben. Die Entfernung von Genf nach Karlsruhe muß für einen internationalen Beamten sogar als besonders nahe gelten.

Die Kläger sind keineswegs verpflichtet, sich durch einen Genfer Advokaten vertreten zu lassen, wie *Bleckmann* (S. 114) zu glauben scheint. Jeder bei irgendeinem Gericht zugelassene Advokat kann auch vor dem Verwaltungsgericht der ILO auftreten. Der Kläger kann sich überdies auch durch einen Kollegen vertreten lassen.

Die Sprachbarriere, auf die *Bleckmann* (S. 114) verweist, würde für die in Karlsruhe beschäftigten nicht-deutschen Eurocontrol-Beamten im umgekehrten Sinne spielen, wenn man seinen Vorschlägen folgen wollte. Vor dem Verwaltungsgericht der ILO sind Englisch und Französisch die Arbeitssprachen.

Die Prozeßakten, außer den Anwaltskosten, werden dem Beamten vergütet, selbst wenn er seinen Prozeß verliert. Diese großzügige und vor nationalen Verwaltungsgerichten unübliche Regelung verringert das nach *Bleckmann* (S. 114) überhöhte finanzielle Risiko eines Rechtssuchenden vor diesem Gericht.

Bleckmann kritisiert ferner (S. 114), daß zumindest für den Kläger das Verwaltungsgericht der ILO in erster und letzter Instanz entscheide. Während mehr als 100 Jahren galt dies auch für den französischen Conseil d'Etat und gilt dies auch heute noch vor dem österreichischen Verwaltungsgerichtshof und dem Gerichtshof der Euro-

[176] *Leibholz / Rupprecht*, Bundesverfassungsgerichtsgesetz (1968), Anm. 1 zu § 25, S. 84.

päischen Gemeinschaften. Es trifft zwar zu, daß seit 1974 der Ministerrat der Gemeinschaften die Kommission angewiesen hat, für dienstrechtliche Klagen Vorschläge für ein Verfahren in zwei Instanzen zu entwickeln[177]. Der Grund für die angeregte Reform lag aber nicht hierin, sondern in der Entlastung des Gerichtshofs der Gemeinschaften. Trotz dieser Vorschläge entscheidet überdies dieser Gerichtshof auch heute noch über diese Streitigkeiten, und zwar in erster und letzter Instanz.

Bleckmann (S. 114) kritisiert, daß die Organisation, aber nicht der Kläger, die Möglichkeit hat, eine Art Revisionsverfahren gegen Entscheidungen des Verwaltungsgerichts der ILO vor dem Internationalen Gerichtshof in Gang zu bringen.

Diese Möglichkeit ist für die Organisation geschaffen worden, um ihre Unabhängigkeit gegenüber dem Verwaltungsgericht zu sichern. Es soll auf diese Weise verhindert werden, daß das Verwaltungsgericht unter Überschreitung seiner Zuständigkeit die Unabhängigkeit der Organisation beeinträchtigen könnte. Aufgrund dieser Gewißheit kann sich die Organisation ihrerseits verpflichten, die Entscheidungen des Verwaltungsgerichts anzuerkennen. Im übrigen besteht vor dem Verwaltungsgericht der ILO bei Hervorkommen neuer Tatsachen oder bei offenkundigem Irrtum die Möglichkeit einer Revisionsbeschwerde an das Gericht selbst. Diese Möglichkeit gibt ähnliche Garantien wie die Anrufung einer Berufungsinstanz. Als Gegengewicht gegen diese sehr weite Vollmacht des Gerichtes ist den Organisationen das Recht eingeräumt worden, vom Internationalen Gerichtshof ein Rechtsgutachten einzuholen, ob das Verwaltungsgericht seine Zuständigkeiten nicht überschritten hat. Man versteht, daß unter diesen Umständen diese Möglichkeit dem internationalen Beamten nicht offensteht, der ohnehin keinen Zugang zum Internationalen Gerichtshof hätte. Überdies hat er die Möglichkeit, die Organisation aufzufordern, den Fall dem Internationalen Gerichtshof zu unterbreiten, der in einem solchen Fall dem Beamten das Recht der Vorlage eines Schriftsatzes einräumt. Aus allen diesen Gründen hat der Internationale Gerichtshof dieser Ungleichheit der Rechtsstellung zwischen Beamten und Organisation nur eine vernachlässigenswert schwache Bedeutung beigemessen[178].

Auf Seite 114 weist *Bleckmann* zutreffenderweise darauf hin, daß es keine strafrechtlichen Vorschriften zur Bestrafung von Meineiden vor dem Verwaltungsgericht der ILO gäbe. Ein Fehlen einschlägiger nationaler oder internationaler Regelungen hat sich bisher noch nicht als

---

[177] *Goose*, Neue Entwicklungen im Verfahrensrecht des Gerichtshofes, EuR 1975, S. 237.

[178] ICJ Reports 1956, S. 85.

starke Erschwerung der Wahrheitsfindung bemerkbar gemacht. Auch vor nationalen Gerichten von Staaten mit hochentwickeltem Rechtswesen spielt der Eid heute eine sehr untergeordnete Rolle. Wenn jemals ein Bedürfnis zur Ahndung von Meineiden vor internationalen Gerichten auftauchen sollte, müßten auch meiner Ansicht nach die Mitgliedstaaten gegebenenfalls entsprechende gesetzgeberische Maßnahmen ergreifen, im gegenständlichen Fall haben sich jedenfalls keine Meineidsprobleme ergeben.

Bleckmanns letzter Einwand auf Seite 114 ist falsch. Er behauptet dort, daß das Verwaltungsgericht der ILO die Verwaltung nicht zu einer Leistung verurteilen oder eine Verpflichtung der Verwaltung feststellen könne. Es könne nur eine Entscheidung aufheben oder eine Entschädigung festsetzen. Dies entspricht nicht den Tatsachen. Eurocontrol hat sich Artikel VIII des Statuts des Verwaltungsgerichts unterworfen, der wie folgt lautet: „In den im Artikel II genannten Fällen hebt das Verwaltungsgericht, falls es die Beschwerde für berechtigt ansieht, die angefochtene Entscheidung auf oder verfügt die *Erfüllung* der mit der Klage begehrten Verpflichtung. Wenn eine solche Aufhebung oder Leistung unmöglich oder untunlich ist, gewährt das Verwaltungsgericht dem Kläger eine Entschädigung für den erlittenen Schaden."

Dieser Artikel zeigt klar, daß es sich hier um einen recours en annulation handelt, der völlig dem recours pour excès de pouvoir des französischen Verwaltungsrechts vergleichbar ist, aber daß darüber hinaus der Richter die Organisation auch zu Schadenersatz verurteilen kann, was im französischen Verwaltungsrecht nur im recours de plein contentieux möglich wäre.

Die Gerichtsbarkeit des Verwaltungsgerichts der ILO geht in vieler Hinsicht weiter als diejenige vergleichbarer innerstaatlicher Verwaltungsgerichte:

Es ist zuständig, alle auf die Bediensteten anwendbaren Rechtsvorschriften zu überprüfen, einschließlich derjenigen, die sich aus vertraglichen Vereinbarungen oder aus einem zwischenstaatlichen Abkommen ergeben[179].

Es wendet vor allem allgemeine Rechtsgrundsätze, ausnahmsweise aber auch innerstaatliches Recht, an.

Es kann zum Beispiel die Rückreihung eines Beamten vom Dienstgrad P 3 zum Dienstgrad P 4 verfügen[180].

---

[179] Urteil Nr. 365 Lamadie, AFDI 1978, S. 467.

[180] Urteil Nr. 342, Price No. 2, AFDI 1978, S. 471.

Es kann die Auslegung einer Bestimmung des Personalstatuts in einer Sozialversicherungsangelegenheit als unvereinbar mit dem allgemeinen Rechtsgrundsatz der Gleichheit der Geschlechter aufheben[181] usw.

H. Schlußfolgerungen

Leitgedanken *Bleckmanns*

In seinem Kapitel H* zieht *Bleckmann** seine Schlußfolgerungen.

Grundsätzliche eigene Stellungnahme

Es erscheint mir überflüssig, hier nochmals Punkt für Punkt all das zu widerlegen, was ich in den vorstehenden Seiten widerlegt zu haben glaube. Ich möchte daher nachstehend meine eigenen Schlußfolgerungen unter Zugrundelegung meiner eigenen Gedankengänge entwickeln.

I. Immunität

1. Wenn man versuchen wollte, die Regeln über die Staatenimmunität* aus der Souveränität abzuleiten, gerät man in eine Sackgasse. Die Souveränität* des beklagten Staates tritt hier ja in Konkurrenz zu der Souveränität* des Gerichtsstaates (oben S. 30).

2. Aufgrund einer Regel des allgemeinen Völkerrechts genießen internationale Organisationen in ihren Mitgliedstaaten die zur Ausübung ihrer Aufgaben nötige Immunität. Diese Regeln haben ihren Niederschlag in den nahezu identischen Regelungen der allermeisten Abkommen über Privilegien und Immunitäten, Sitzabkommen und anderer einschlägiger Kodifikationen gefunden (oben S. 48). Die Rechtsprechungspraxis hat internationalen Organisationen eine solche Immunität auch bei Fehlen einer einschlägigen vertraglichen Regelung zuerkannt (oben S. 42 und 48).

3. Das Völkergewohnheitsrecht gewährt den internationalen Organisationen Immunität für ihre acta jure imperii ebenso wie für ihre acta jure gestionis. Aufgrund der funktionellen Beschränkung der Persönlichkeit der Organisationen müssen auch alle ihre acta jure gestionis in engster Verbindung mit der Ausübung ihrer Funktionen jure imperii stehen. In dieser Hinsicht ist die Rechtslage der internationalen Organisationen auch heute noch derjenigen der

181 Urteil Nr. 344, Callewaert — Haezebrouck No. 2, AFDI 1978, S. 469.

Staaten im 19. Jahrhundert vergleichbar. Man hatte in diesem Zeitpunkt die Regeln über die absolute Staatenimmunität zu umfassend formuliert. In Wirklichkeit wollte man dadurch diejenigen Tätigkeiten jure gestionis der Staaten schützen, die ebenfalls engstens mit ihren Tätigkeiten jure imperii verbunden waren. Andere Staatstätigkeit war damals nicht vorstellbar. Die Lage der Staaten hat sich durch die Ausbreitung des Staatshandels gewandelt, nicht aber diejenige der Organisationen. Das heutige Völkerrecht hat daher die Immunität der Staaten neu definiert und verweigert ihnen für ihre neuen Staatshandelstätigkeiten die Immunität, die die alte Regel weder decken wollte noch konnte, da eine solche Tätigkeit in diesem Zeitpunkt kaum bekannt war (oben S. 51).

4. Wenn man *Bleckmann* folgen und auch den Organisationen nur die gleichen Immunitäten wie Staaten einräumen wollte, dann

   a) bliebe die Nichtanerkennung einer Immunität für ihre acta jure gestionis immer noch die Ausnahme von der Regel der absoluten Immunität (oben S. 61);

   b) Handlungen der Organisationen in ihren Beziehungen zu ihren Beamten wären den acta jure imperii zuzuzählen, weil

      aa) man nur durch die dadurch erzielte Sicherung des Arbeitsfriedens die Funktionsfähigkeit der Organisation sichern kann. Es wäre für die Erfüllung der „primären Aufgaben" der Organisation unheilvoll, wenn man ihr* nur für diese Aufgaben Immunität gewähren würde. Wenn der Arbeitsfriede einmal gestört und die Unparteilichkeit der Beamten angezweifelt werden könnte, wäre die Organisation nicht mehr in der Lage, ihre primären Aufgaben auszuführen (oben S. 42).

      bb) Die Entwicklung einer Grauzone zwischen den privaten und öffentlichen Akten der Organisation als für deren Immunität belangreich vermag diese Tatsachen nicht zu erschüttern, da überdies

         i) es unzulässig wäre, in das Recht internationaler Organisationen Finessen des französischen oder deutschen Verwaltungsrechts einzuführen, wie die Unterscheidung zwischen „décision" und „décision préalable" (oben S. 50 und 65);

         ii) die Vornahme einer solchen Unterscheidung widerspräche dem Text des Artikels 92 des Personalstatuts (oben S. 65) und

iii) last but not least müßten zweifelhafte Fälle nach den Ausführungen unter 4 a) zugunsten der Immunität gelöst werden.

II. Auslegung der Ziffer 5 des Zeichnungsprotokolls

5. Ich bleibe bei meiner Auslegung der Ziffer 5 des Zeichnungsprotokolls. Aus seiner von *Bleckmann* nicht geprüften Entstehungsgeschichte geht hervor, daß diese Bestimmung nur eine Tatsache feststellen wollte, wie sie im Zeitpunkt der Unterzeichnung der Konvention wirklich bestand, aber mit dem Abschluß des Abkommens zwischen Eurocontrol und der ILO ihr Ende gefunden hat (oben S. 39).

6. Die Tatsache, daß Eurocontrol für einen Teil ihrer primären Aufgaben auf ihre Immunität verzichtet hat, ist auf Gründe zurückzuführen, die mit ihren Rechtsbeziehungen zu ihren Bediensteten nichts zu tun haben. Man kann daher insoweit keine Analogieschlüsse ziehen, da der Zusammenhang eben nicht gegeben ist (oben S. 36).

7. Selbst wenn zumindest der deutsche Text der Ziffer 5 des Zeichnungsprotokolls zweideutig sein sollte, müßte er restriktiv ausgelegt werden (vgl. oben Ziffer 4 a) und S. 82).

8. Durch den Abschluß des Abkommens zwischen Eurocontrol und der ILO haben alle Mitgliedstaaten des Zeichnungsprotokolls, die Bundesrepublik überdies noch durch ihre Verordnung vom 29. 8. 1979, unsere Auslegung durch ihre subsequent practice bestätigt (oben S. 36).

III. Das Abkommen zwischen Eurocontrol und ILO

9. Bei meiner Auslegung der Ziffer 5 des Zeichnungsprotokolls stand dem Abschluß des Abkommens zwischen Eurocontrol und ILO nichts im Wege.

10. Selbst wenn man die gegenteilige Ansicht *Bleckmanns* teilen wollte, wäre dieses Abkommen völkerrechtlich gültig, da die einstimmige Entscheidung der aus Vertretern aller Mitgliedstaaten zusammengesetzten Eurocontrol-Kommission hinsichtlich dieses Abkommens dem Abschluß eines Abkommens in vereinfachter Form gleichgehalten werden kann, durch die Ziffer 5 des Zeichnungsprotokolls in dem Sinn abgeändert wurde, daß alle Mitgliedstaaten auf die Ausübung ihrer Gerichtsbarkeit in diesen Angelegenheiten verzichten (oben S. 56).

11. Der Gedanke einer Selbstbindung, die es den Mitgliedstaaten einer Organisation untersagen würde, deren Satzung durch eine einstimmige Entscheidung auch anders als unter Beachtung der Bestimmungen der Satzung über ihre Änderung abzuändern, ist von *Bleckmann* selbst abgelehnt worden. Er entspricht auch nicht der Praxis der Eurocontrol oder anderer Organisationen (oben S. 82 bis 83).

12. Unter diesen Umständen konnte für die ILO gewiß nicht offenkundig sein, daß das Vertragsangebot der Eurocontrol, diesen Vertrag abzuschließen, für Eurocontrol ultra vires gewesen wäre (oben S. 68). Im Gegenteil, da dieser Vertrag der ILO Rechte einräumte, könnte die ILO sich auf dessen Gültigkeit aufgrund der Estoppel-Doktrin berufen (oben S. 74).

13. Artikel 93 des Personalstatuts der Eurocontrol ist wirksam in deutsches Recht transformiert worden, denn

    a) Artikel 24 GG läßt die Übertragung von deutschen Hoheitsrechten sowohl zugunsten internationaler Organisationen (also auch zugunsten von Eurocontrol) als auch zugunsten supranationaler Gemeinschaften (z. B. der EWG) zu (oben S. 63).

    b) die Übertragung dieser Hoheitsrechte kann sich auf das Recht erstrecken, sekundäre Rechtsregeln mit Anspruch auf Wirksamkeit im deutschen Recht zu erlassen, selbst bei Fehlen einer einschlägigen ausdrücklichen Klausel, wie sie in Artikel 189 EWG und 34 des Eurocontrol-Übereinkommens enthalten ist (oben S. 85).

    c) Eine solche Übertragung von Hoheitsrechten ist nicht von einer strukturellen Kongruenz der betreffenden Organisation abhängig; aber selbst diese Forderung wäre im vorliegenden Fall erfüllt, da das Verwaltungsgericht der ILO ein echtes Verwaltungsgericht ist, was sich nicht nur aus einem Rechtsgutachten des Internationalen Gerichtshofes (oben S. 89), sondern auch aus einem Beschluß des Bundesarbeitsgerichts über ein gleichartiges Verwaltungsgericht ergibt (oben S. 90).

14. Selbst wenn man *Bleckmanns* Auslegung der Ziffer 5 des Zeichnungsprotokolls folgen wollte, wäre der Abschluß des Abkommens zwischen Eurocontrol und ILO völkerrechtlich gültig; denn wenn wirklich der Vertreter der Bundesrepublik in der Eurocontrol-Kommission nicht berechtigt gewesen wäre, hierzu seine Zustimmung zu geben, wäre dieser Umstand weder für die anderen Mitglieder der Kommission noch für die ILO offenkundig gewesen. Hat

doch *Bleckmann* nicht weniger als 163 Seiten gebraucht, um seine These von einer solchen Unzuständigkeit zu begründen (oben S. 68).

15. Wenn zwei Auslegungen der Ziffer 5 des Zeichnungsprotokolls möglich wären, müßten die Gerichte der Bundesrepublik immer noch derjenigen den Vorzug geben, die es der Bundesrepublik Deutschland ermöglicht, ihre Verpflichtungen gegenüber den anderen Mitgliedstaaten der Eurocontrol zu erfüllen und dieser selbst, die Erfüllung ihrer gegenüber der ILO übernommener Verpflichtungen nachzukommen, nämlich alle Personalstreitigkeiten der Gerichtsbarkeit des Verwaltungsgerichts der ILO zu unterwerfen (oben S. 78).

16. Schließlich wären die deutschen Gerichte für diese Streitfälle auch ratione materiae unzuständig.

a) Wenn man das Band zwischen Eurocontrol und ihren Bediensteten dem Privatrecht unterstellt, hätte der Bedienstete Artikel 93 des Personalstatuts als Bestandteil seines Vertrages anerkannt. Diese Bestimmung müßte dann von den deutschen Zivilgerichten als Schiedsklausel oder als Bestimmung zur Wahl eines ausländischen Gerichtstandes respektiert werden (oben S. 85).

b) Wenn man das Band aber dem öffentlichen Recht zurechnet, würde es sich hier um das öffentliche Recht der Organisation, und nicht um deutsches öffentliches Recht handeln. Die deutschen Gerichte des öffentlichen Rechts können aber nur Akte der deutschen öffentlichen Gewalt auf ihre Vereinbarkeit mit dem deutschen öffentlichen Recht überprüfen (oben S. 88).

c) Was also die von Eurocontrol direkt aufgenommenen Bediensteten betrifft, hätten sowohl nach der einen wie nach der anderen dieser Alternativen die deutschen Gerichte niemals eine Zuständigkeit besessen, die Ziffer 5 des Zeichnungsprotokolls nach der ihm von *Bleckmann* gegebenen Auslegung hätte aufrecht erhalten wollen.

d) Hinsichtlich von Streitigkeiten auf dem Gebiet der Sozialversicherung hat die Verordnung vom 29. 8. 1979 Eurocontrol unbestreitbar volle Immunität gewährt. Diese Verordnung ist ein Bestandteil des deutschen Rechtes. In seiner Entscheidung vom 16. 9. 1977, NJW 1978, Seite 1759, hat das Bundesverwaltungsgericht die Immunität der Eurocontrol hinsichtlich der Einhebung von Flugsicherungsgebühren anerkannt und der Eurocontrol das Recht eingeräumt, das Gericht zu bestimmen, das derartige Streitigkeiten regeln soll. Wenn man die Gedanken dieses Urteils auf den gegenwärtigen Fall überträgt, hatte Eurocontrol das Recht, das Verwaltungsgericht der ILO als das Gericht zu wählen, um Sozialversicherungsstreitfälle des Eurocontrol-Personals zu entscheiden. Die Rechtslage der Eurocontrol ist allerdings hinsichtlich der Sozialversicherung besser als hinsichtlich der Flugsicherungsgebühren, da sich die Immunität in Sozialversicherungsangelegenheiten auf eine deutsche Verordnung stützen kann. Jedenfalls aber haben im vorliegenden Fall bereits der Verwaltungsgerichtshof Baden-Württemberg und das Landesarbeitsgericht Mannheim die Unzuständigkeit deutscher Gerichte in diesen Fragen anerkannt.

Gutachtliche Stellungnahme vom 30. Dezember 1980

zur Dissertation von Siegfried Thomas (Würzburg 1970): „Die Rechtsstellung des Personals bei internationalen Organisationen"

1. Die Arbeit von *Thomas* betont durchgehend, daß darin völkerrechtliche Thesen entwickelt werden sollen, die von der bisher vorherrschenden Lehre und Praxis abweichen. Es ist daher erstaunlich, daß der Verfasser sich den Staats- und Verwaltungsrechtler Professor Dr. *Günther Küchenhoff* zum Doktorvater gewählt hat, der kein Mitglied der Deutschen Gesellschaft für Völkerrecht ist. Als Völkerrechtler waren 1969/71 in Würzburg die Kollegen *Fuss*, *Freiherr v. d. Heydte* und *Raschhofer* tätig.

2. Die Arbeit geht von einer irrigen Tatbestandsannahme aus. *Thomas* (S. 99 - 100) glaubt, daß in der Regel der Behördenleiter über Dienststreitigkeiten endgültig entscheidet. *Thomas* weiß offenbar nicht, daß Entscheidungen in Dienstrechtsangelegenheiten bei nahezu allen Organisationen einem unabhängigen Verwaltungsgericht anvertraut sind. Mit der 1980 vorgenommenen Errichtung des Verwaltungsgerichts der Weltbank ist eine der letzten Lücken in diesem System geschlossen worden. Was *Thomas* im letzten Satz auf Seite 204 als Fernziel bezeichnet, ist also längst Wirklichkeit.

3. *Thomas* geht von der rechtslogisch unhaltbaren Voraussetzung aus, daß internationale Organisationen in der Regel keine Völkerrechtspersönlichkeit genössen (S. 119 Anm. 2, S. 142 - 143). Gleich mir sieht er als Völkerrechtssubjekt jeden Träger völkerrechtlicher Rechte und Pflichten an. Nun habe ich aber in meinem 1967 erstmals veröffentlichten Lehrbuch „Das Recht der Internationalen Organisationen, einschließlich der Supranationalen Gemeinschaften" (nunmehr 3. Aufl. Köln 1979) hoffentlich hinreichend dargetan, daß jede internationale Organisation zumindest das doch wohl jedenfalls dem Völkerrecht zuzuzählende Recht haben muß, die Mitgliedstaaten an die Einhaltung der Verpflichtungen zu erinnern, die diese durch die Ratifikation des völkerrechtlichen Ver-

trages über die Gründung der Organisation übernommen haben. Ohne die Einräumung eines solchen Rechtes wäre die Gründung einer Organisation ja sinnlos (*Seidl-Hohenveldern,* Rz. 0107, 0111). *Thomas* (S. 142) beruft sich demgegenüber auf *Bindschedler,* Rechtsfragen der Europäischen Einigung (1954) Seite 190, der die Völkerrechtspersönlichkeit des Europarates mit der Begründung bezweifelt, daß dieser über keine Organe mit Entscheidungsbefugnis verfüge. Ich habe *Bindschedlers* Ansicht schon in Rz. 112 der 1. Auflage meines Lehrbuchs widersprochen, das *Thomas* offenbar nicht kennt. Die spätere Entwicklung hat *Carstens,* Das Recht des Europarates (1956) Seite 52, und mir recht gegeben. Das Ministerkomitee des Europarates hat als Organ des Europarates Griechenland unter dem Obristenregime sehr wohl an die Einhaltung der durch den Beitritt zum Europarat übernommenen Verpflichtung zur Achtung des gemeinsamen Erbes der Freiheit erinnert.

4. Der eigene Lösungsvorschlag von *Thomas* führt zu praktisch unerträglichen Ergebnnissen. Er will die Arbeitsverhältnisse innerhalb einer internationalen Organisation nach international-privatrechtlichen Grundsätzen unter Beachtung der am Arbeitsort geltenden zwingenden Vorschriften des jeweiligen nationalen Arbeitsrechts regeln (S. 160 — wobei *Thomas* von „internationalem Arbeitsrecht" spricht). Würde man ihm folgen, hätte z. B. die Weltgesundheitsorganisation beim Einsatz ihrer Bediensteten in arabischen Ländern den Nachweis der nichtjüdischen Abstammung dieser Bediensteten zu erbringen und müßte in den USA Angehörige früher benachteiligter Minderheiten trotz schlechterer Qualifikation bevorzugt einstellen und befördern! Dabei ist sich *Thomas* (S. 203) bewußt, daß er damit einer unerträglichen Ungleichbehandlung das Wort redet. Eine Freistellung von jedem Einfluß eines staatlichen Arbeitsrechts und Gleichheit vor dem Dienstrecht will er nur den Bediensteten der Europäischen Gemeinschaften zugestehen. Nur hier ist seiner Ansicht nach ausreichender gerichtlicher Rechtsschutz gegeben (S. 164, S. 201). Diese Annahme ist falsch (vgl. oben Ziff. 2). Gleich den Europäischen Gemeinschaften bedürfen auch alle sonstigen internationalen Organisationen der Sicherheit gegen innerstaatliche Einmischungen in die Dienstverhältnisse ihrer Bediensteten und eines einheitlichen Dienstrechts. (Vgl. meinen Beitrag zur Festschrift Schlochauer, Text bei Anm. 59 ff.)

5. Ich stimme mit Thomas überein, daß die Privilegien und Immunitäten einer Organisation nur den Umfang haben sollen, der ihr die Ausübung ihrer Funktionen ermöglicht. Wie ich aber in Rz. 1908 meines Lehrbuches darlege, ist der Umfang dieser Privilegien

einerseits enger, andererseits aber notwendigerweise auch weiter als der Umfang der Privilegien und Immunitäten fremder Staaten. Das Postulat von *Thomas*, daß Organisationen keine weitergehenderen Immunitäten als fremde Staaten genießen dürften, ist durch nichts funktionell zu begründen (S. 157). Hier könnten höchstens Prestigeerwägungen der Staaten angeführt werden.

6. Angeregt durch die Bejahung des Grundsatzes der Einschränkung der Immunität ausländischer Staaten auf ihre acta jure imperii durch die Entscheidung des Bundesverfassungsgerichts vom 30. 4. 1963 will *Thomas* (S. 196 und 156) die Dienstverhältnisse im Rahmen internationaler Organisationen als privatrechtliche Arbeitsverträge deuten und dann innerstaatlichem Recht unterstellen. Nachdem der US Foreign Sovereign Immunities Act von 1976 die Immunität ausländischer Staaten in gleicher Weise eingeschränkt hat, haben Bedienstete der OAS und der Weltbank die gleichen Argumente wie Thomas zur Begründung der Zuständigkeit der US-Gerichte für solche Streitigkeiten vorgebracht und sind vom US Court of Appeals abgewiesen worden (Broadbent v. OAS, Internat. Legal Materials 19 [1980] 208).

7. Bei der OAS üben ebenso wie bei Eurocontrol die Bediensteten hoheitliche Tätigkeit aus. *Thomas* (S. 177) irrt, wenn er die Tätigkeit von Eurocontrol dem Aufgabenbereich Technik, Naturwissenschaften und Forschung zurechnet. Die Fluglotsentätigkeit im internationalen Luftverkehr zählt vielmehr zweifelsohne zu den — hoheitlichen — Verwaltungstätigkeiten. Den hoheitlichen Charakter der Aufgaben der Eurocontrol hat der Gerichtshof der Europäischen Gemeinschaften ausdrücklich bejaht (Slg. 1976, S. 1541), ebenso Verwaltungsgerichtshof Baden-Württemberg (NJW 1980, S. 540).

8. Wollte man das Dienstverhältnis der Bediensteten internationaler Organisationen wie Thomas als privatrechtlich ansehen, dann wären Bestimmungen in Dienstverträgen, die die Zuständigkeit eines organisationseigenen oder von der Organisation gewählten internationalen Verwaltungsgerichts vorsehen, als Schiedsabreden zu respektieren. *Thomas* bringt dagegen auf Seite 185/186 Einwände auf Grund der deutschen Arbeitsgesetzgebung vor. Bei vergleichbarer Rechtslage hat der italienische Kassationsgerichtshof in der Entscheidung vom 27. 5. 1955 in Sachen Maida v. Administration for International Assistance, Internat. Law Reports 23, Seite 514 erklärt, daß die italienischen Bestimmungen, die die Schiedsgerichtsbarkeit bei arbeitsrechtlichen Streitigkeiten ein-

engen, nicht für Arbeitsverhältnisse mit internationalen Organisationen gelten.

9. Die von *Thomas* (S. 200) geäußerten Bedenken gegen die Verfassungsmäßigkeit der Verordnungsermächtigung des Artikel 3 des Gesetzes vom 22. 6. 1954 über den Beitritt der Bundesrepublik Deutschland zum Abkommen über die Vorrechte und Befreiungen der Sonderorganisationen der Vereinten Nationen vom 21. 11. 1947 vermögen im Hinblick auf die von Thomas nicht einmal erwähnten Artikel 24 und Artikel 25 GG nicht zu überzeugen. Gleiche Bedenken, wie *Thomas* sie aus Artikel 101 Absatz 1 GG ableitet, waren gegen die ausschließliche Gerichtsbarkeit internationaler Verwaltungsgerichte vom BAG unter Hinweis auf Artikel 25 GG zurückgewiesen worden (BAG 25. 1. 1973, Arbeitsrechtliche Praxis [AP] DVA 3). Internationale Organisationen genießen in ihren Mitgliedstaaten schon kraft Völkergewohnheitsrecht Immunität gegen Klagen in Dienstrechtsangelegenheiten (vgl. mein Lehrbuch Rz. 1905 a und meinen Beitrag in Festschrift Schlochauer, Text bei Anm. 78).

10. Entgegen *Thomas* (S. 184) teile ich *Riezlers* Ansicht, daß deutsche Gerichte ratione materiae unzuständig wären, dienstrechtliche Streitigkeiten zwischen einer Organisation und ihren Bediensteten zu entscheiden. Es handelt sich eben nicht, wie *Thomas* meint, um dem staatlichen Arbeitsrecht unterliegende Rechtsverhältnisse (vgl. oben Ziff. 7 und 8). Überdies ergibt sich die Unzulässigkeit des nationalen Rechtsweges aus der Immunität der Organisation ratione personae.

11. *Kelsen* geht in seinem 1950 erschienenen Werk, The Law of the United Nations, von heute nicht mehr zutreffenden Voraussetzungen aus. Seine Ansicht, daß Arbeitsverträge mit internationalen Organisationen „are legally enforceable only if concluded on the basis of a national legal order“ (*Kelsen*, S. 313), beruht möglicherweise auf der in der Zeit zwischen den beiden Weltkriegen tatsächlich herrschenden Ansicht, daß jeder Vertrag begriffsnotwendig einer staatlichen Rechtsordnung unterstellt sein müsse. Die Entwicklung ist aber nicht stehen geblieben. In seiner Resolution von Oslo gibt das Institut de Droit International die heute herrschende Lehrmeinung und Praxis wieder — ein Vertrag kann sehr wohl seine Bindungswirkung auch aus internationalen Rechtsquellen ableiten (Annuaire de l'Institut de Droit International 57 II [1977] S. 332). Diese Resolution bezieht sich auch auf das Dienstrecht internationaler Organisationen (ebd. S. 297).

12. Wenn *Kelsen* (S. 313) davon spricht, daß jeder Vertrag abgeschlossen sein müsse „under a positive legal order which provides for enforcement of the contract", würde die Möglichkeit der Ableitung der Bindungswirkung des Vertrages aus internationalen Rechtsquellen an und für sich nicht ausgeschlossen sein. *Kelsen* behauptet aber, daß weder die Satzung der Vereinten Nationen noch das allgemeine Völkerrecht die Erzwingbarkeit eines solchen Vertrages im Falle seiner Nichterfüllung durch eine der Parteien vorsehen. Offenbar aus diesem Grund kommt *Kelsen* zu dem Schluß, daß die Dienstverträge mit internationalen Organisationen auf Grund einer nationalen Rechtsordnung abgeschlossen werden müssen. Die Prämisse zu diesem Schluß trifft aber schon seit langem nicht mehr zu. Diese Verträge sind sehr wohl vor dem Verwaltungsgericht der Vereinten Nationen (bzw. vor dem sonstigen, für die betreffende Organisation zuständigem Verwaltungsgericht) erzwingbar. *Kelsen* (S. 317) erwähnt zwar, daß das Verwaltungsgericht des Völkerbundes befriedigende Resultate brachte. Er bedauert es daher, daß die Generalversammlung der Vereinten Nationen die Entscheidung über den Vorschlag, ein solches Gericht für die Vereinten Nationen zu errichten, vertagt habe (ebd.). Seit vielen Jahren aber erzwingt dieses auf Grund der Satzung der Vereinten Nationen eingerichtete Gericht die Einhaltung dieser Verträge.

13. *Kelsens* Aussage auf Seite 314, daß das nationale Arbeitsrecht auf mit den Vereinten Nationen abgeschlossene Dienstverträge grundsätzlich („in principle") anwendbar sei, beruht also auf überholten Voraussetzungen. Abgesehen davon sagt *Kelsen* in dem unmittelbar darauffolgenden Satz, daß es eine andere Frage sei, inwieweit die Gerichtsbarkeit nationaler Gerichte über solche Verträge auf Grund der Privilegien und Immunitäten der Organisation ausgeschlossen sei. Wenn diese Dienstverträge als privatrechtliche Verträge anzusehen wären, was *Kelsen* auf Seite 318 eher bejaht als verneint, dann wären auf Grund der Section 29 clause (a) des Abkommens über Privilegien und Immunitäten der Vereinten Nationen die Mitgliedstaaten verpflichtet, die Gerichtsbarkeit der von den Vereinten Nationen zur Beilegung dieser Streitfälle geschaffenen Gerichtsinstanzen und den Ausschluß der Zuständigkeit ihrer nationalen Gerichte anzuerkennen (*Kelsen*, S. 317). Die Bundesrepublik Deutschland ist diesem Abkommen 1980 beigetreten.

14. Auf Seite 318 bestreitet *Kelsen* den öffentlich-rechtlichen Charakter der Dienstverhältnisse bei internationalen Organisationen, den ein vom Völkerbund eingesetztes Juristenkomitee 1925 bejaht hatte. *Kelsens* Aussage, daß internationale Organisationen wie

die Vereinten Nationen keine „legislative power with respect to employment contracts“ besäßen, befremdet nicht nur angesichts des Umfangs des von den Vereinten Nationen erlassenen Dienstrechts. Hat doch die Praxis sogar das Recht des Völkerbundes, die Gehälter seiner Bediensteten durch ein Notopfer zu kürzen, bejaht (*Seyersted,* Internat. and Comparative Law Quarterly 14 [1965] S. 500 - 501). Jedenfalls müßte aber die von *Kelsen* (S. 317) anerkannte Unzuständigkeit nationaler Gerichte (oben Ziff. 13) a fortiori gegeben sein, wenn es sich bei diesen Verträgen nicht um privatrechtliche sondern öffentlich-rechtliche Dienstverhältnisse handelt.

15. *Thomas** selbst distanziert sich übrigens auf Seite 161 Anmerkung 3 von diesen Ansichten *Kelsens,* „insoweit internationalen Organisationen Völkerrechtspersönlichkeit zukommt“. Entgegen der Ansicht von *Thomas** ist das allerdings kein Ausnahmefall (vgl. oben Ziff. 3).

(Prof. Dr. Dr. h. c. Ignaz Seidl-Hohenveldern)

MIX
Papier | Fördert gute Waldnutzung
FSC® C083411

Kolibri 360 GmbH
Ferdinand-Jühlke-Straße 7
99095 Erfurt, Deutschland
produktsicherheit@kolibri360.de

Druck:
CPI Druckdienstleistungen GmbH
im Auftrag der
Kolibri 360 GmbH
Ferdinand-Jühlke-Str. 7
99095 Erfurt